NÃO CONSIGO EMAGRECER! E AGORA...?

Essa sou eu, Apa
Cidinha pa

MARCOS ALESSANDRO

NÃO CONSIGO EMAGRECER! E AGORA...?

Essa sou eu, Aparecida para poucos, Cidinha para os íntimos.

MARCOS ALESSANDRO

Copyright © 2024 by Editora Letramento
Copyright © 2024 by Marcos Alessandro

Diretor Editorial Gustavo Abreu
Diretor Administrativo Júnior Gaudereto
Diretor Financeiro Cláudio Macedo
Logística Daniel Abreu e Vinícius Santiago
Comunicação e Marketing Carol Pires
Assistente Editorial Matteos Moreno e Maria Eduarda Paixão
Designer Editorial Gustavo Zeferino e Luís Otávio Ferreira
Revisão Textual Professor Carlos Nascimento

Todos os direitos reservados. Não é permitida a reprodução desta obra sem aprovação do Grupo Editorial Letramento.

Dados Internacionais de Catalogação na Publicação (CIP)
Bibliotecária Juliana da Silva Mauro - CRB6/3684

A372n	Alessandro, Marcos Não consigo emagrecer! E agora...? : essa sou eu, Aparecida para poucos, Cidinha para os íntimos / Marcos Alessandro. - Belo Horizonte : Temporada, 2024. 140 p. il. ; 23 cm. ISBN 978-65-5932-429-3 1. Sono. 2. Sonhos. 3. Autoconhecimento. 4. Empoderamento. 5. Análise. I. Título. CDU: 82-311.2 CDD: 869.93

Índices para catálogo sistemático:
1. Romance realístico 82-311.2
2. Literatura brasileira - Romance 869.93

LETRAMENTO EDITORA E LIVRARIA
Caixa Postal 3242 — CEP 30.130-972
r. José Maria Rosemburg, n. 75, b. Ouro Preto
CEP 31.340-080 — Belo Horizonte / MG
Telefone 31 3327-5771

É O SELO DE NOVOS AUTORES
DO GRUPO EDITORIAL LETRAMENTO

9 **ATO I**
"O MUNDO DE CIDINHA!"

57 **ATO II**
"A TOMADA DE CONSCIÊNCIA DE APARECIDA"

99 **ATO III**
"O EMPODERAMENTO DE APARECIDA"

131 **ATO FINAL**
"O LEGADO DA MULHER QUE APARECE"

APARECIDA, Cidinha para algumas pessoas. Por algum tempo, gostou que a chamassem assim: "Cidinha"! Mas hoje ela gosta mesmo é de ser chamada pelo nome que seus pais lhe deram, APARECIDA. Sim, porque hoje e sempre esse "onomástico" de Santa, faz todo o sentido para ela. Não por ser santa, mas por APARECER.

Ao longo de sua vida, três perguntas lhes passaram a mente e sentimentos: A primeira indaga "Não consigo emagrecer, e agora!?". A segunda demonstra seu desespero: "Socorro, não consigo emagrecer, o que fazer?!" E a terceira: "Por que algumas pessoas emagrecem facilmente, mas eu não?" É sobre essa mulher, na sua forma física e essência, bem como suas escolhas e atitudes, que iremos falar nas próximas páginas.

Vamos conhecê-la mais de perto (quase como um amigo ou uma amiga, quase como um pai ou uma mãe, ou melhor, quase como ela mesma); iremos conhecê-la mais por dentro, conheceremos o seu "eu". Iremos conhecê-la mais por fora, a sua aparência! Prontos para mergulharem no universo da APARECIDA, a mulher que APARECE, e dorme bem com isso?

Prestes a fazer 35 anos de idade em outubro deste ano, com 95 kg, um metro e sessenta e cinco de altura, solteira, mas, de vez em quando, beija na boca dos *crushs*. Mãe do Junior de 10 anos. Sem curso superior, mas é cabeleireira e maquiadora, adquiriu essa profissão depois que fez um curso gratuito de qualificação profissional, numa ONG. O nome do curso é "Estética de Imagem Pessoal."

Esse título lhe encheu de orgulho, pois diz ela que cuida não só da parte externa da beleza das pessoas, mas também da beleza interior, da alma delas. Ainda não tem casa própria; seu salão de beleza, ou melhor, seu *Studio* de Estética e Imagem Pessoal, fica na casa alugada em que mora com o filho e a mãe. O pai do garoto, o que seria seu marido (seu noivo), veio a óbito em decorrência de um tiroteio. Quando ia para o hospital acompanhar o parto do seu filho, ele foi atingido dentro do ônibus em que estava por causa de uma perseguição. Diz ela hoje: - Ele sim me amava de verdade!

Esse episódio triste tem o mesmo tempo que tem seu filho, o Junior, que não conseguiu conhecer o pai, nem o avô que faleceu devido a complicações com a diabetes. De quem estamos falando? Nesse momento, é dela, da Cidinha que estamos falando!

Cidinha é uma mulher alegre, sorriso largo, contagiante! Sempre se destaca aonde chega. Massa é o seu cardápio predileto. Além disso, degusta facilmente um prato colorido de salada. Com o calor que sente, toma frequentemente umas boas "goladas" de água. Ahhh! Entre suas preferências estão bolinhos feito em casa, desses de trigo. Esses bolinhos são legados da infância. Gosta de músicas sertanejas, de samba, é fã da "Marrom", a cantora Alcione! Quer saber? Eu também sou fã da Alcione. Bem, continuando... Cidinha é libriana. Muita coisa de libra cabe nela: a empatia e a diplomacia são presentes em sua personalidade. Naturalmente, ela tem um talento para solucionar conflitos, porém, em alguns casos, ela tenta tanto entender o lado das pessoas envolvidas no conflito, que chega a atrapalhar... Com um senso de justiça advindo talvez do seu signo, Cidinha sempre sentiu que, por algum motivo, era injustiçada desde pequena.

Como dissemos, Cidinha sempre oferece às suas clientes um sorriso alegre, talvez seja por isso mesmo que ninguém pudesse imaginar as dores psicológicas e físicas que a cabeleireira e maquiadora sofria calada por conta do excesso de peso. Seus "problemas" com o peso surgiram ainda quando criança. Tudo começou quando seus coleguinhas da escola lhe chamavam de "bolinho", pois levava sempre alguns bolinhos para a hora do lanche, e ela a-do-ra-va. E como a-do-ra-va comer a guloseima! Outra coisa que Cidinha adora são as datas comemorativas, Natal, Festa Junina, Carnaval, feriados, aniversários, Dia das Mães, dos Pais etc. São dois os motivos para ela gostar dessas datas: o primeiro é que ela trabalha muito e assim pode ganhar uns trocados a mais; o segundo é que ela sabe que quanto mais ela trabalhar nessas datas, mais poderá oferecer conforto e uma vida decente ao Júnior e sua mãe. Ah!... Além disso, ela gosta de festassss!

Na verdade, essa questão com o peso não começa na escola; mas, sim ao nascer. Cidinha nasceu pesando 4,5 kg. Sabe aquele sentimento de injustiça que ela sentia? Pois bem, uma parte desse sentimento é devido à falta de colo. Sim, falta de colo. Explico: em função do seu peso, eram poucas as vezes que ela ganhava colo dos adultos. É claro que ela não tem noção disso hoje, e muito menos na época em que ela estava na primeira infância, que corresponde ao período do nascimento até completar os 6 anos de idade. O período pré-escolar, dos 4 aos 6 anos de, então está contemplado na primeira infância. Esse é um período muito significativo na vida de uma criança, pois suas experiências, descobertas e afetos, ou a ausência deles, são relevantes para toda a sua vida.

Ninguém nasce com preconceito. Entretanto, o meio em que a criança é inserida pode desenvolver nela comportamentos e atitudes preconceituosas, mesmo que ela nem saiba o que está fazendo. Logo, os primeiros contatos que Cidinha teve com o preconceito foram nesse período.

Na Segunda infância, antes da puberdade, o apelido de "bolinho" pegou na escola. Todas as pessoas que conheciam Cidinha já a chamavam por esse codinome. Na escola, até os funcionários eram presenteados com os bolinhos que levava. Nesse período, experimentou uma espécie de fama. A Cidinha, menina dos bolinhos da escola. Nesse período, experimentou a "popularidade", mas também as piadas entres os coleguinhas da escola como, que a chamavam de gordinha, baleia, bolo de rolo... e por aí seguiam as piadas. Muitas das vezes, tentou reverter esse quadro que lhe fazia sofrer bastante, chegou até a chorar escondida na escola e em casa. O jeito que ela encontrou para resolver a situação foi levar uma quantidade a mais de bolinhos para distribuir entre esses que a faziam sofrer. Realmente a estratégia funcionou, as pessoas sempre lhe procuravam para comer um pedaço do bolinho. Isso chegou a um ponto que às vezes ela mesma ficava sem comer, só para garantir que a outra pessoa continuasse sua amiga. Podia assim camuflar o seu sofrimento das piadas. Não doía mais tanto como antes.

Certo dia, numa rodinha de amigos na escola, em que todos comiam os bolinhos que ela levava consigo, aconteceu algo inesperado: Cidinha sentiu uma dor que parecia "correr" no seu abdômen, ela não sabia o que sentia, se era uma vontade de fazer xixi ou cocô; não sabia dizer se era o estômago doendo... Na sequência, sentiu um incômodo, uma espécie de moleza na parte interna das coxas. A sensação era parecida a pernas bambas. Tudo isso associado a dores de cabeça, que pareciam ser pontadas vindas de todas as partes do cérebro... Ao se levantar para ir ao banheiro, sentiu uma umidade como se tivesse feito xixi nas calças. Para sua surpresa, desespero e motivo de gargalhada entre alguns que compartilhavam do bolinho dela, perceberam um sangramento. Uma das meninas logo procurou uma professora para contar o ocorrido. A surpresa dela era tanta, por não saber realmente o que estava acontecendo, que chegou a pensar que aquele sangramento era devido ao seu peso. Foi quando a professora e colegas presentes explicaram do que se tratava e como ela deveria proceder. Ela foi encaminhada para a Coordenação da Escola.

A coordenação da escola, nesse momento, ligou para a mãe dela, contou o ocorrido e pediu-lhe para ir buscá-la. Mas, antes, chamou a atenção da mãe pelo fato de não ter orientado a própria filha do que poderia acontecer. A resposta da mãe, também surpresa e aparentemente preocupada, dando a entender que estava envergonhada pelo o que a filha passou. Ela já havia notado que os seios da menina estavam diferentes, mas achou que ela não estava pronta para menstruar. Muito nova ainda! Achou que o formato dos seios dela era advindo de seu peso, por ser "gordinha". Cidinha, diante a conversa que a coordenadora teve com a mãe dela, ficou curiosa e perguntou o que havia ocorrido com ela. A coordenadora prontamente lhe explicou na frente da mãe:

– Você acaba de ter a sua primeira menstruação. Sua menarca!

Ela explicou cuidadosamente, do ponto de vista biológico, que o corpo estava preparando-se para ela ser mãe, quando ela estivesse adulta! Cidinha estava com 11 anos quando isso aconteceu.

Passado o corrido, ela ficou uns dias em casa, sem querer ir à escola, envergonhada com tudo. Ao voltar, não levou mais os bolinhos para compartilhar com seus colegas; mas, sim a quantidade certa para ela. Não tinha mais estímulos para aquilo. Afinal, as pessoas poderiam relembrar daquele fatídico dia. Os dias que seguiram foram um inferno naquela escola, pois a memória dos colegas e os boatos correram como uma maratona de velocistas por toda a escola.

Esse episódio fez com que Cidinha ficasse muito reservada. Mal falava. Ficou mais contida, com o jeito da mudança de menina para mulher. Isso chamou a atenção dos garotos, que agora comentavam sobre como ela estava diferente. As meninas da escola também comentavam da Cidinha, porém não era do mesmo jeito que os meninos falavam. Conflito e confissões de adolescentes à parte, o fato é que havia certa perseguição à Cidinha por algumas meninas, que não suportavam ouvir os meninos comentando sobre ela. Em certo dia, rotina normal de escola, numa sexta-feira, no horário da saída, algumas meninas e um garoto que ela havia dispensado, pois ainda não se sentia pronta para namorar, reuniram-se no portão do lado de fora da escola. Quando ela passou por eles, uma sonora vaia de alguns tortuosos e doloridos 10 segundos soaram nos seus ouvidos, seguidos de gritos de "gorda, gorda, gorda"... Essa vaia ecoou na mente e na alma de Cidinha. Um misto de medo, desespero e impotência tomou seus sentimentos. Estava com vontade de chorar e sair dali correndo. Era o que era queria fazer, mas não o fez, continuou caminhando de cabeça baixa. Com um nó na garganta! Foi se afastando daquela situação em direção ao ponto de ônibus, que, por sorte, milagre, ou providência divina, chegou no mesmo instante que ela. Embarcou no coletivo e seguiu rumo ao único local que talvez fosse seu conforto e fortaleza, seu quarto!

Sua adolescência segue, e, aos 15 anos de idade, fez das redes sociais de computador sua amiga confidente. Começou nos chats a fazer amigos e amigas. Como a rede social era novidade, ela se encantou e aí percebeu que poderia ter amigos virtuais, sem correr o risco do contato real e ser ofendida por sua aparência. No entanto, isso era simplesmente um ledo engano, pois futuramente ela descobriria que as redes sociais podem ser tão ou mais cruéis do que o mundo real. Com seu primeiro computador, entrou em redes sociais, como Orkut, que mudou rapidamente para o Facebook. Criou um perfil e com o tempo decidiu criar uma homepage no Facebook. Nesse veículo, ela começou brincando a fazer maquiagem. O bom de tudo isso é que ela foi se aprimorando em maquiagem e ficou habilidosa. Fazia todo tipo de experiência de maquiagem, desde aquelas para o dia a dia até para a festa dos dias das bruxas (Halloween). Sua vida se resumia a ir à escola e fazer maquiagem no seu quarto e postar no Face. Começou a fazer sucesso, as pessoas gostavam de ver a criatividade que ela tinha e o manejo como utilizava as ferramentas, misturas as cores, inventando técnicas. Dessa vez, começa a aparecer nas redes e experimenta novamente a "fama". Todos os seus seguidores diziam que ela era linda e quando se maquiava, ficava mais bonita. Nesse período, ficou conhecida como "Cidinha da make up", título que uma internauta seguidora lhe deu. E ela gostava muito. Com o passar do tempo, recebia investidas dos garotos e homens que a seguiam também. Nesse período, já havia abandonado a escola, pois tinha descoberto a maravilha que é estar nas redes com amigos virtuais.

Ficou totalmente sedentária e engordou mais. Seus seguidores agora já não diziam somente que ela era bela, mas os comentários agora vinham acompanhados do "pena que é gorda, tem um rosto tão bonito!" Uma postagem chegou a dizer: "miga, a papada tá aparecendo, dá um jeito nisso!" Até saiu com alguns caras, mas a maioria se decepcionava quando a conhecia. Repetiam imperativamente o bordão "Você é tão linda, mas deveria emagrecer". Nenhum crush ou ficante queria namorar com ela! Não tinha sorte com homens para namorar! Pelo menos, era esse seu pensamento todas as vezes que voltava das baladas, quando ia com primos e primas. Chegava em casa, e analisando-se perguntava por que o carinha não quis ficar com ela na frente dos amigos. Esses pensamentos lhe rendiam noites longas de insônia intermináveis.

Para diminuir sua dor, comia bastante antes de dormir. O fato de comer dava a sensação de bem estar. Isso está associado a algumas substâncias, como a ocitocina (o hormônio do bem estar). A geladeira, nesses momentos, era a sua confidente e amiga. É claro que o fundo emocional contribuía muito com a substituição da autoestima por comida. Quanto mais calórica fosse a comida, era a sua preferência. Essa situação foi se agravando ao ponto de que, dos 19 aos 20 anos, mergulhou numa severa e rotativa experiência de dietas para emagrecer.

Passou a fazer por conta própria várias dietas, mal terminava uma, já começava outra. E nada de funcionar. Uma ou outra tinha um tímido efeito na perda de peso, mas logo voltava a ganhar o que perdeu, ou até mais.

Começou a tomar medicamentos por conta própria para emagrecer. Os efeitos colaterais foram claros: não mandaram recado, apenas se instalaram no seu corpo. Alguns exemplos foram as dores de cabeça prolongada, a alteração de humor e o excesso de irritabilidade, que se tornaram comuns. Sua menstruação se desregulou, chegando a vir três vezes em um único mês e nos próximos passar até mais de 45 dias sem vir.

Sua prima Thayara, Tái, como é chamada entre os íntimos, chegou a questioná-la:

– Que loucura você está fazendo com sua vida? Tomar medicamentos sem orientação de um profissional qualificado? Não faça isso com sua vida, prima! Só falta agora ingenuamente você achar que para perder peso é necessário passar fome, viver de alface! Olhe!... Veja bem, foi esse ano todo assim, você se colocando no fundo do poço. Sem querer sair de casa, sem ir à escola, até entendo, pois você sofria muito bullying lá; seus colegas viviam dizendo que você nunca arrumaria um namorado. Durante todo esse tempo, guardando essa tristeza para si, mas, em vez de transformar esses sentimentos em algo positivo, você prefere acreditar no que lhes dizem?

A prima continua a falar como uma metralhadora:

– Você deveria é fazer academia, reeducação alimentar ou caminhadas no parque aqui próximo. Eu, prima, cheguei a perder 5 kg, fazendo isso. Mas você se acomodou, e olha só o resultado: gorda! E fazendo "gordices". Olha aí, não larga nunca esses bolinhos, comendo, comendo, mais e mais... - sua prima faz referência as guloseimas prediletas de Cidinha desde a época de criança.

Cidinha, estarrecida, escuta tudo, palavra por palavra, sem sequer rebater as falas de Tái. Só ficava remoendo na sua mente que não tinha tratado a raiz do problema. Essas falas da sua prima lhe fizeram entrar em negação. Evitava espelhos, não pisava na balança, usava só roupas largas, sem maquiagem. Não queria mais fazer os vídeos para as redes sociais, enfim, se fechou. Mas também "né", gente, com uma prima dessas, a Cidinha precisa de inimiga?

Entretanto, a intenção da sua prima foi realmente ajudar, mas, como sempre, quem não se ouve, não consegue e só piora a situação. Foi o que aconteceu com a Cidinha: o tempo passou e não queria ver ninguém, se sentia um fracasso total. Vivia com pena de si mesma, dizia para as pessoas:

– Eu sou gorda mesmo, para que me arrumar, sair, ver as pessoas que vão sempre me machucar? Até a Tái acha isso de mim!

Sua prima Thayara e ela haviam se afastado. Ela não teve coragem mais de ver a prima, com medo de ser machucada novamente!

Com 21 anos, fora da escola, engordou mais, por fatores biológicos, hábitos alimentares desregulados e emocionais... Começou a somarizar tudo que as pessoas lhe diziam. Na cabeça dela, tudo e todos estavam lhe mandando indiretas, e essa condição emocional lhe causou muitos transtornos, pois se isolou do convívio social por quase um ano, dos 20 aos 21 anos.

Nesse período, tinha dificuldades para se movimentar, tinha dificuldades para calçar uma sandália, um tênis, amarrar o cadarço dos sapatos, uma meia. Também desenvolveu questões com a higiene pessoal, porque tinha dificuldades em se limpar no banheiro...

Chegou a pensar de comer até morrer, comer de tudo!... Ela achava que não tinha valor., sempre teve problemas de ir ao médico. Durante todo o seu tempo de vida, 21 anos, foi ao médico quando pequena, porque sua mãe a levava, e depois de grandinha e adolescente foi apenas duas vezes, por insistência da sua mãe. Não tinha familiaridade com consultas médicas e também não queria fazer cirurgia bariátrica. Dos 20 aos 21 anos de idade sua vida se resumia a ficar em casa, cama, televisão. Fazia uma ou outra atividade na casa, como assistir programas matinais, programas musicais, programas da TV a cabo, pay per view e reality shows de tudo que é sorte, estilos e conteúdos.

Entregou-se mesmo à situação. Pensava 'sou gorda mesmo, que se dane!' Parece que essa frase, de certa forma, foi lhe dando coragem para sair desse momento em que se encontrava. Foi apontando uma postura de deboche, sarcasmo, agressividade. Voltou a fazer as live. Ela entendia que não era só sua mente que estava sofrendo as consequências de estar acima do peso, mas seu físico também sentia. Quando não estava assistindo TV, estava dormindo. Mas isso mudou. Não o sofrimento, esse continuou. Mas agora surge a vontade de dar uma resposta ao mundo pelo que ela estava passando! Lembram que ela tinha um sentimento de ser injustiçada, mas não sabia de onde vinha? Pois bem, agora ela tinha certeza! Foi para as redes sociais para dar uma resposta a tudo que sentia.

Nas redes, se recuperou um pouco. Montou uma "capa" e seguiu fazendo o que sabia fazer: maquiagem! Mas agora, com um certo "ar" debochado, uma certa pitada de cinismo e agressividade. Essa "nova" Cidinha quase dobrou o seu número de seguidores em uma semana. Viu que deu certo essa tática sem querer e tampouco planejar. O impulso de desabafar o que sentia funcionou. Na semana que ela voltou, uma das seguidoras que a chamava de "miga" postou: "Miga, cê voltou toda, toda! Tá gordinha, mas tô gostando das dicas de maquiagem!" Outra seguidora desabafa, encorajando-a: "Oi, Cidinha, olha, as vezes acho que você está dentro da minha mente, pois você fala o que eu gostaria de falar! E suas dicas de maquiagem estão me ajudando muito a passar por momentos difíceis."

Cidinha começou a tomar gosto pela personagem que criou. Debochada, começou a dizer coisas do tipo: "Eu sou assim, gorda, e se quiser estar comigo, bem, se não, da-ne-seee! Eu não preciso de você, aliás, de nenhum de vocês!" Em outro momento, disse: "As recalcadas morem de inveja de mim, pois os boys delas devem sonhar como é ficar com uma gordinha! Chama, chama, bebezão, que eu vou!"

Dizia isso, pois recebia muita cantadas pela internet dos garotos. Ela afirmava que uma boa maquiagem fazia toda a diferença para um boy ficar com uma mina! E parece que ela tinha razão, pois muitas de suas seguidoras comentavam em postagens que dava certo, e tinha uma diferença quando elas não se maquiavam.

Além disso, ela começou a sair novamente, era chamada para festas, e assim ganhava seu dinheiro! Essas festas aconteciam em casa, em clubes, em chácaras... O convite era para maquiar as pessoas dos eventos, com temas ou não. Também ia a casamentos, batizados, festas de 15 anos, bodas... Claro, também ia a festas do dia das bruxas. Essas festas eram comentadas nas suas lives. Serviam tanto como conteúdo quanto para divulgar e receber convites para festas. Começou a ser chamada também para festas de crianças e entendeu que gostava de fazer isso mais do que os outros tipos de festas, pois as crianças não a recriminavam pelo seu peso. Com as crianças ela era leve, sem deboches ou cinismo. Não precisava se defender!!

Essa "máscara" que Cidinha encarnava como debochada e cínica era a maneira que ela encontrou para não ser mais ofendida. Era um mecanismo de defesa. Como diz o dito popular: a melhor defesa é o ataque. Ela levou isso como aprendizagem para esse momento da sua vida. Ganhou muitos seguidores. Muitas pessoas se identificavam com esse seu jeito "novo" de ser. Dizia também constantemente em suas lives:

– Passei anos sob o 'efeito sanfona', emagrecendo e depois me sentindo no direito de comer tudo o que queria, inclusive meus bolinhos que aaaaamooooo!

Desta fala, recebeu ao mesmo tempo aplausos e vaias, por emagrecer, por engordar. Isso porque alguns seguidores diziam que ela deveria engordar e outras diziam que deveria emagrecer.

Em uma de suas lives, um de seus seguidores a perguntou com tom irônico:

– Cidinha, neste verão, você prefere ser que tipo de peixe? Uma piaba, uma sereia ou uma baleia, kkkk?

Essa pergunta lhe deixou muito furiosa, e começou a rebater:

– Para começar, senhor odiento e preconceituoso, vi um texto na internet que é mais ou menos assim: baleia é um cetáceo. Um mamífero marinho! Sabia? Além disso, senhor odiento, você sabia que onde encontramos baleias, encontramos também vida marinha em abundancia. Sabe o que são fitoplânctons? Veja se você consegue aprender: os fitoplânctons contribuem com pelo menos 50% de todo o oxigênio da nossa atmosfera, ou seja, fornecem metade do ar que você e todos nós respiramos. Eles também capturam cerca de 37 bilhões de toneladas de dióxido de carbono, o equivalente a qu atro florestas da Amazônia. Os excrementos, vou lhe ajudar a entender, os cocôs de baleia têm um efeito multiplicador no fitoplâncton, pois contêm ferro e nitrogênio. Esses são os elementos que o fitoplâncton precisa para crescer. Então, quanto mais baleias, mais oxigênio. Logo, as baleias são importantes para o ecossistema marinho e para nós, tomou papudo? As baleias estão sempre cantando e sorrindo. As baleias têm uma vida sexual ativa, ficam grávidas, dão a luz a lindos bebês e amamentam. As baleias estão por aí, nos mares e conhecendo lugares e seres interessantes veem e são vistas. As baleias tem amigos golfinhos, que são uns fofos! As baleias comem camarões. As baleias são enormes. Sim, as baleias são enormes e quase não tem predadores naturais, a não ser o próprio homem. As baleias são bonitas, imponentes, preservadas, estão bem resolvidas. Ao contrário das sereias que não existem, meu fofo! Se existissem, viveriam em crise existencial, sentiriam-se um peixe ou uma mulher? As sereias não vivem uma história de amor. Não casam, não têm filhos, matam os homens que estão encantados por elas. As serias, são lindas, mas vivem tristes e sozinhas sempre…. As sereias são más! Quanto as piabas, elas também são reais. São fortes, percorrem grandes distâncias para poderem se alimentarem. São velozes, sabem se defenderem das armadilhas dos anzóis , com sua poderosa mordida. Dentre suas preferências alimentares estão os vegetais, frutas e flores. As piabas, são por si só iluminadas, radiantes, brilhantes por natureza! Vivem em águas correntes limpas, cachoeiras e rios. São adoradas por crianças e idosos. Estimado seguidor, com cem por cento de sentimento e clareza, hoje prefiro ser uma baleia. E com certeza, nós, "baleias", e as "piabas" não somos pro seu bico! Ou melhor, não somos para a sua rede, pois somos reais. Como você deve ser uma "farça", só lhe resta viver com a fake news que são as sereias.

Essa fala nas redes sociais lhe rendeu muitos comentários. As pessoas falavam que era joguinho dela, que ela estava se vitimizando e menosprezando as sereias. Foi quando ela percebeu a cultura do cancelamento nas redes sociais. Perdeu seguidores.

O cancelamento é muito frequente no Brasil atual e se desdobra na perseguição nas redes. Foi o que também aconteceu com a Cidinha. Ela foi cancelada por alguns seguidores após rebater um comentário malicioso de um seguidor.

Mas uma vez, Cidinha sofre o baque emocional. A perda de seguidores lhe fez ficar mais agressiva inconscientemente, como uma maneira de se "proteger", se defender! Continuou fazendo suas lives de maquiagem, e dizia que não ia parar de dizer o que pensa para agradar alguém. É claro que, ao mesmo tempo que ela recebia críticas, outras tantas postagens vieram ao seu socorro, fazendo o contrário do cancelamento virtual. Por exemplo, um seguidor de 20 anos respondeu a live sobre " Piabas,Baleia e Sereias"

"Cidinha, eu me vejo em você. Quando eu tinha uns treze anos de idade, fiquei muito triste com o constante bullying que sofria por parte de algumas pessoas na escola. O bom é que eu tinha alguns amigos que me defendiam. Por isso te "defendo" aqui. Não ficava confortável, mas a sensação de revanche era presente. Eu queria revidar. Ainda sinto essa sensação, mas você deve ser firme. A cabeça dos meninos são muitas vezes cruéis, eu percebia isso. Olha, mesmo eu sendo menino, eles me zoavam. Mas fique firme."

Outro post, entre tantos, disse:

"Defendo a posição de Cidinha. Todos dizem que eu deveria ser uma princesa, que eu deveria fazer como "fulana de tal" fazia, para ter uma imagem que nem as outras. O preconceito existe, e eu não quero ser princesa ou sereia: eu quero ser eu mesma, Cidinha. Vou ultrapassar esses comentários preconceituosos."

Vale salientar que o post da Cidinha sobre as baleias e sereias causou uma espécie de indignação a dezenas de seguidores que queriam que ela apagasse o post. No entanto, não apagou e sustentou novamente sua posição, postando, aos que a condenavam e cancelavam-na, que ela não tinha vergonha do seu corpo e que não precisava ser magra para ser querida, amada e admirada.

Depois, para se justificar, explicou em sequência que durante muito tempo disseram a ela que para ser popular e ter um namorado ela deveria estar em forma. Ela disse isso se referindo a uma série que havia assistido na TV. Nesse momento, mesmo com o sofrimento, Cidinha consegue passar uma mensagem positiva para as suas seguidoras e seguidores. Sim, ela tem seguidores homens, pois Cidinha não era apenas uma pessoa que aparecia nas redes para falar com mulheres sobre maquiagem, ela falava para pessoas em suas lives que a maquiagem serve para deixar as pessoas evidentes, para homens e mulheres, pois não tem sexo. Cidinha dizia aos seus seguidores que a maquiagem é para quem quer se divertir, seja para trabalhar, para ir a festas ou para brincar com as crianças. A maquiagem é para todos e todas! A sua tentativa era compartilhar a dor e as emoções através da maquiagem.

Depois desse episódio de cancelamento, Cidinha segue fazendo o que adora fazer: maquiagens!

Cidinha teve um sonho recorrente nesse período: sonhava que era menor do que todo mundo. Em outros sonhos, as pessoas achavam-na feia, ou ainda, pensavam que ela era chata ou burra! No entanto, Cidinha estava se achando melhor dos que as outras pessoas. Estava se tornado uma pessoa arrogante, porque era uma maneira de se defender. Os sonhos que ela teve estavam dando dicas para que ela refletisse a respeito das atitudes arrogantes com as pessoas e para equilibrar o seu comportamento. Ela se sentia diminuída e desprezada em sonho para que houvesse um equilíbrio, ou seja, ela pode ser autêntica e confiante, mas não precisa ter comportamentos arrogantes. Apesar das "dicas", ela não as entendeu e nem procurou alguém para ajudá-la a interpretá-las.

Sua mãe também cobrava muito que ela se cuidasse, não pela estética, mas preocupada com a saúde da filha. Ela se lembra do que ocorreu com pai dela, que vivia negligenciando a própria saúde. Cobrava-lhe também ser menos agressiva com as pessoas. A mãe via e acompanhava o seu processo de emagrecimento, percebia quando ela ganhava e perdia peso. Preocupava-se e falava para a filha, porém diversas vezes ficava em silêncio e buscava paralelos com a saúde do marido.

Bem, a relação que Cidinha tinha com a mãe e o pai não eram conturbadas. Havia afeto na família. Mas faltavam aos pais de Cidinha conhecimentos e escolarização. Eram inteligentes, mas em várias situações, como, na saúde, negligenciavam, o que era o caso do pai. Mas sua mãe, por instinto ou a natureza da maternidade, não deixava de lado a saúde da família. Ela era sempre preocupada com a alimentação, com a higiene, com as brincadeiras e a diversão e até com a escola. Apesar dela não ter estudo, tinha para si que era importante. A família nuclear de Cidinha era pequena. Seu pai, seu Deca, e sua mãe, dona Elza.

Dona Elza era a segunda de nove filhos. Quatro mulheres e cinco homens. Casou grávida de Cidinha aos vinte anos. Hoje está com 55 anos. Doceira de mãos cheias, era convidada para fazer as guloseimas para as festas da família, e, com o tempo, recebia encomendas de amigos, vizinhos e desconhecidos, tal era a fama dos doces. Mas havia um em especial: os bolinhos de xícara, que pareciam mais um cogumelo. Esses bolinhos eram feitos em xícaras de café! Eram feitos na medida certa, rendiam, e ela poderia vender mais. A quantidade era um diferencial na hora da entrega das encomendas. Lógico que agora já dar para saber de onde vem o desejo da Cidinha de gostar tanto dos bolinhos que levava para escola. Os bolinhos de xícara da dona Elza.

Uma mulher de um metro e meio de altura. Brava, mas harmônica. Sabia juntar a família ao seu redor... Era firme, mas cedia às vezes as "chantagens emocionais" da filha e do marido quando queriam alguma coisa dela, principalmente no que se referia aos doces que sabia fazer.

Sua vida se resumia àquelas duas pessoas. Sua filha Cidinha em primeiro lugar e o marido amado, seu Deca. Dona Elza, depois que teve a Cidinha, ganhou uma barriguinha. Não quis fazer nada para eliminá-la. O curioso é que ela não estava fora dos moldes dos do peso. Estava dentro dos padrões que os professores de educação física recomendam. Sua primeira habilidade indiscutivelmente era fazer doces. Outro talento era de costurar, mas que não deu seguimento igual ao de fazer doces... Vez ou outra costurava "para fora" e fazia a sua própria roupa: vestidos, saias, terninhos, shorts etc. Fazia as roupas da Cidinha também. Inclusive, chegou a fazer o próprio uniforme da filha, pois não tinha dinheiro para comprar um pronto. Além disso, Dona Elza tinha uma habilidade enorme com matemática, geometria, mais precisamente, para fazer moldes das roupas que confeccionava.

Em relação à sua barriguinha, decorrente do parto, não tinha nenhuma vergonha. Convivia com isso tranquilamente. Preferia comidas que ela julgava serem saudáveis, mas, ao mesmo tempo, adorava as guloseimas que sabia fazer com maestria.

A popularidade da Cidinha se deu em boa parte aos desembaraços sociais que sua mãe tinha. Dona Elza era uma mulher que conversava com todo mundo. Era virginiana, mas parecia mais ser uma leonina quando exibia com orgulho seus próprios talentos, sem ao menos ter feito nenhum curso. Era vaidosa! Sabia agradar (quando queria) as pessoas da vizinhança, da igreja que frequentava, da associação de moradores. Chegou a assumir a presidência do clube de mães da ONG que tinha sede no seu bairro. Isso fez com que suas vendas dos docinhos aumentassem também. Dona Elza era uma mulher que nunca ficava anônima, ela sempre aparecia. Daí surgiu o nome que deu a sua filha.

Seu Deca era um homem que tinha a mesma idade da mulher dele, dona Elza. Conheceram-se através de um dos irmãos de Dona Elza. Sentiram amor à primeira vista, uma espécie de romance "cármico". Ambos sentiram que nasceram um para o outro. Isso é como eles contavam a "história de amor" para todos. Em menos de dois anos, já estavam casados.

O pai da Cidinha era um homem muito trabalhador. Trabalhava com o que aparecesse. No entanto, sua ocupação era mecânico de carros, mas não fez curso para trabalhar com automóveis. Trabalhava há muito tempo, desde que conheceu dona Elza, numa oficina pequenina; porém, essa oficina, com o passar dos anos, se tornou uma referência nas redondezas. Ele conhecia tão bem sobre mecânica de carros que os amigos, familiares e até pessoas desconhecidas pediam-lhe frequentemente opiniões sobre carros que porventura fossem comprar, trocar ou fazer algum "rolo". A opinião do mecânico era lei. Ninguém contestava ou rateava. Pelo contrário, se Deca disse, estava dito!

Homem que gostava de festas, de reunir amigos e parentes em sua casa. Muito alegre! Era o estilo do cara, de bem com a vida! Vivia mesmo o que tinha que viver. Porém, uma coisa era fato: todos reconheciam nele um homem trabalhador, responsável. Gostava de um sambinha, uma roda de pagode. Vivia repetindo o bordão: "Quem não gosta de samba, bom sujeito não é!"

Sempre que dizia isso, fazia uma espécie de quatro com as pernas. Colocava um dos pés para trás, na panturrilha, com o joelho dobrado, e fazia um movimento como se fosse uma "dobradiça" de um lado pro outro, como se estivesse ensaiando um rodopiar, ao mesmo tempo que abria os braços na altura dos ombros para se equilibrar. Dizia ele também que não havia no mundo uma cantora melhor do que a Marrom. É daí que veio o gosto de Cidinha pela cantora e pelas festas. Seu Deca era um marido exemplar e apaixonado. Pai carinhoso, tratava a filha como uma pérola! Vivia para as duas mulheres de sua vida.

Tudo que a mulher fazia para as principais refeições ele adorava. Nunca reclamou de uma comida que sua mulher fez. Comia tudo com muito gosto! Isso deixava a sua esposa com um "ar" de satisfação imenso. O cara realmente era "bom de boca!" Sedentário, por opção, ou talvez por falta de conhecimento, não gostava de fazer atividade física, como correr, nem ao menos caminhar. Seu negócio era casa, trabalho e o sambinha aos finais de semana com quem gostava. Geralmente essas reuniões eram em sua casa. Fazia questão que fosse lá!

O seu Deca não gostava de médicos, raramente foi a algum. A quantidade de vezes que ele foi a uma consulta é possível contar na palma de uma das mãos. Isso fez com que uma complicação de saúde muito séria surgisse. Numa determinada manhã de segunda-feira, indo para o trabalho, seu Deca falou para Cidinha, que já estava acordada, por volta das sete horas da manhã, que estava sentindo uma queimação nos pés e também no tornozelo. Cidinha, sem saber o que dizer, gritou para Dona Elza, dizendo:

– Ôoo, mãe! O pai está com dor nas pernas! Onde está aquela pomada para dor?

Ao ouvir isso, a mãe de Cidinha correu ao auxílio do marido, tomando nas mãos uma pomadinha que aliviava a dor. Depois de fazer uma massagem com o produto, Zeca, foi para o trabalho, dizendo que a dor já havia passado. Foi trabalhar sob os protestos da mulher, que queria que ele fosse ao médico. Saindo e despedindo-se, disse:

– Não precisa, já passou!

Isso deixou Cidinha e sua mãe preocupadas. Ficaram conversando sobre o ocorrido, já que ele nunca havia se queixado de dor, nunca na vida! Nunca nem teve um resfriado. E agora se queixa de um desconforto nos pés?!

Bem, o dia passou... Ao voltar da oficina, no final da tarde, Deca fala para as mulheres de sua vida que estava tudo bem! Entretanto, essa não era a verdade. Ele sentiu o dia inteiro dor e sensação de agulhadas no pé, que o deixou um pouco preocupado motivou a esconder da mulher e da filha. Ficou pensativo.

Algumas semanas se passaram e continuou escondendo o que estava acontecendo. Foi quando sentiu dormência e perda de sensibilidade no pé direito. Havia também uma ferida na unha do dedão, que pensava ser apenas uma unha encravada. As sensações foram se diversificando com o formigamento e fraqueza nas pernas, o que prontamente fez com que dona Elza e Cidinha se apressassem para levá-lo a um atendimento médico no posto de saúde mais próximo. Feito o atendimento, o diagnóstico do seu Deca foi diabetes! Também foi constatado, devido à condição do seu pé, que a sua doença já estava em um estágio muito grave. A ferida, que até então julgou como unha encravada, já era a consequência da diabetes. Além disso, também ficou sabendo que era hipertenso e que estava com o colesterol desregulado.

Iniciou o tratamento necessário, porém, contra sua vontade. Ele não acreditava no seu diagnóstico. Como pode uma coisa "aparecer" de uma hora para outra? O ritmo de vida de seu Deca teve que mudar. Mudou, inclusive, o ritmo da família.

Ao longo do tratamento, ele queria melhorar para poder comer de tudo. Na rotina de exames, sentiu que sua visão estava comprometida. Ao sair do oftalmologista, disse:

— Agora eu vou mudar sim, não sabia que era tão sério. Vou tomar meu remédio na hora certa, tudo direitinho.

Foi recomendado que fizesse atividade física, mas ele retrucou:

— Gente, nunca fiz na minha vida atividade física. Será que tenho que fazer isso agora? Será que meus pés vão me ajudar a fazer a caminhada?

Sentiu que seu corpo começou a inchar, e as dormências dos pés continuavam, inclusive apareceram umas bolhas em suas pernas que logo viraram feridas. O tratamento acontecia em paralelo, mas as feridas aumentavam. A visão piorou e a perna foi preciso amputar, devido à gravidade do estágio da doença do pai da Cidinha. O problema evoluiu para um derrame e um trombo no coração. O pai da Cidinha não resistiu a tantos acontecimentos e veio a óbito depois de quase um ano de luta contra a diabetes, descoberta tardiamente. Aquele homem alegre, solícito, amigo, o cara que conhecia de carro como ninguém, que gostava de festas e amava sua mulher como a única mulher do mundo e via a sua filha como a coisa mais preciosa que ele fez, partiu.

Novamente, Cidinha entra em um processo de se fechar para o mundo porque tentava passar pelo processo de luto. Isso ocorreu quando ela tinha 22 anos. Depois de um momento de depressão profunda, buscou na comida o refúgio para não encarar a perda do pai e passou dos 100 kg. Sua ansiedade era tanta que comia de tudo, era como se precisasse estar sempre mastigando. Sempre buscando "prazer" para eliminar a dor da perda!

Dos 22 aos 23 anos de idade, Cidinha experimentou todas as fases do luto: a negação, raiva, negociação ou barganha, depressão e aceitação.

Cidinha sentia como se estivesse em uma tortura emocional, mas não sabia adjetivar ou classificar o seu mix de sentimentos. Às vezes aceitava que era uma pessoa gorda. Em outros momentos se sentia sensível, melancólica e tímida; as vezes estressada, magoada, estigmatizada, incompreendida, raivosa, triste, envergonhada, feliz, Infeliz; sentia sentimentos de inferioridade e vingança. Não sabia se encaixar, não pela sua forma física, mas sim pela sua própria trajetória de vida.

Ao ressignificar o seu sofrimento, no pós-luto, agora vivendo só com sua mãe, mas ela canalizou seu pensamento para continuar fazendo as lives de maquiagem. Dessa vez, não adotou um tom debochado e nem agressivo. Ela está mais serena, mais focada no efeito da maquiagem que proporcionaria à pessoa maquiada.

Cidinha, ao retornar às suas lives, foi recebida com as boas vindas de seus seguidores, que mandavam vários emojis aplaudindo ou de coração. Ela pôde explorar a amizade e a autoaceitação. A vida segue e, como é esperado, todos parecem estar vivendo suas vidas, na "normalidade", menos a Cidinha.

Agora, aos 23 anos de idade, ela ainda está sem estudar, não voltou para escola. Enquanto algumas amigas já estavam saindo ou formadas na faculdade; outras estavam casadas, com bebês, prosperando em suas carreiras... Ela refletia sobre esse momento das amigas e comparava com o seu momento. Ao comparar, o sentimento que ela tinha era de paz. Não sentia inveja ou raiva. Apenas tinha calma em seu coração. Quanto à escola, também não sentia a necessidade de voltar para terminar seus estudos.

Uma de suas amigas lhe convidou para o seu casamento. Na verdade, a noiva era a melhor amiga da sua prima, Thayara, que depois da morte do pai da Cidinha, aproximaram-se novamente. Recomendada pela prima, a noiva solicita à Cidinha o trabalho de maquiagem para fazer o dia da noiva, convite que ela prontamente aceitou. Primeiro, isso a ajudaria a ocupar a mente e, segundo ela, maquiagem de noiva dá um "dinheirinho" bom, pensou.

A melhor amiga de sua prima, a noiva, dizia para Cidinha que iria se casar com o homem dos seus sonhos! Descreveu para ela as características e virtudes do noivo. Até pareciam velhas amigas. Decidiram também o valor dos honorários dos serviços de maquiagem de Cidinha. O combinado foi que Cidinha iria maquiar a noiva, as damas de honras, as madrinhas e a mãe da noiva.

O dia do casamento da melhor amiga de sua prima Tái chegou. Foi num sábado ensolarado, mas não tão quente. Cidinha foi para o lugar onde seria a festa de casamento e lá já estavam a mãe, a noiva, as madrinhas. Todas para serem maquiadas. Cidinha, na semana anterior ao casamento, prometeu para os seus seguidores da live que faria um tutorial da "maquiagem em casamento", transmitindo tudo ao vivo. Quando ocorria algum problema, a live era interrompida e ela fazia gravações, sempre mostrando o passo a passo da maquiagem. Desde cedo, a sua transmissão já tinham internautas esperando e os chats ferviam na expectativa de ver a construção da maquiagem para um casamento. Entre as preparações do casamento, da arrumação, comidas, decoração, músicas, bebidas, lembranças para os convidados, lá … estava Cidinha, nos takes de sua filmagem e outra para o seu canal nas redes sociais. Um sucesso!

A manhã foi intensa de trabalhos com as madrinhas, no início da tarde foi fazer a mãe da noiva e por fim, a noiva. Cidinha dava um show à parte em suas lives, não só pelo seu talento nato para a maquiagem, mas também pela sua simpatia e sorriso, que encantava a todos. Todos mesmo, tanto quem estava no casamento quanto quem a assistia virtualmente. Havia muitos comentários positivos sobre todo o evento.

Já passavam das 17h quando Cidinha acabou de maquiar a noiva, que estava aflita pelo horário do casamento. A correria se intensificou e a ansiedade não parava, pois o casamento estava marcado para as 18h40. Vendo a hora, Cidinha também corre para se arrumar e fazer a sua própria maquiagem. Tudo isso gravando! Tudo sendo registrado em sua live. Ao mesmo tempo em que acelerava para se arrumar, as pessoas queriam falar com ela, fazer perguntas, mandavam comentários, mandavam emojis, corações, enfim, uma dinâmica frenética...

Ao se vestir, Cidinha percebe que seu vestido rasgou abaixo da axila direita. Ela levou um vestido que só usou uma vez, também no casamento de uma parente distante por parte de mãe. Era um tomara-que-caia único, com uma estampa bordada que fazia alusão à cultura chinesa. Preto, vermelho, dourado e prateado eram as cores do vestido e dos bordados. O tecido era resistente, porém, na parte superior lateral direita do vestido, a costura se desfez um pouco. Nesse momento Cidinha ficou apreensiva. Como ela era destra, seu movimento maior seria com o braço direito, e todos iriam notar o pequeno esgarçamento do vestido. Tentou improvisar um arranjo. Ao mesmo tempo que pensou: engordei!

Durante a tentativa da "gambiarra" no vestido, Cidinha compartilhou tudo, tudo, tudo com seus seguidores. Então fez o que seria a antepenúltima postagem na live:

– Pessoal, vocês viram o que aconteceu com o meu vestido? A costura abriu, esgarçou! Olhem!

Mostrou o pequeno rasgo no vestido aos seus seguidores. As sugestões para consertar vieram imediatamente e em dezenas. Cidinha acatou uma delas e conseguiu consertar o seu vestido. Já eram umas 19h10, quando ela terminou e olhou as horas no celular. Ficou mais uma vez desesperada e falou com seus seguidores...

– Minha nossa, o casamento já começou e eu aqui... Misericórdia! Bora, dona Cidinha, anda, anda, acelera, você não é a noiva!

Cidinha mandou um emoji de beijos para os seguidores e saiu a jato do quarto em direção à área que ocorreria o casamento. Ao chegar, percebe que a noiva estava atrasada, o que a deixou um pouco aliviada. Quando chegou, todos estavam comentando "cadê a noiva"? "Você viu a noiva?" Dez minutos depois, a música começa a tocar e a noiva aparece, para aliviar a ansiedade visivelmente estampada na cara do noivo. E uma das últimas postagem do dia do casamento, Cidinha começa a filmar a cerimônia. Descreveu como ela está se sentindo emocionada e começa a chorar. Alertou seus seguidores que não se preocupassem, pois a sua maquiagem era à prova d'água. Cidinha seguiu filmando o casamento e a festa, sem fazer comentários. Filmava a todos e a tudo presente: a decoração, o lugar, as pessoas dançando, bebendo, conversando, sorrindo, cumprimentado os noivos, os padrinhos e madrinhas, as mães dos noivos, os pais dos noivos, a música etc.

Eis que, nas filmagens, uma das amigas das redes sociais nota que um rapaz, de gravata borboleta, sempre aparecia, e sempre olhando para a câmera, ou melhor, para Cidinha. Curiosa, ela manda um "direct" para a influencer de maquiagem.

– Cidinha, quem é o gato que você está sempre filmando?

– Não, o quê? Quem?

– O rapaz de cabelo curtinho, gravata borboleta camisa branca e colete cinza!

– Meu Deus, de quem você está falando, sua louca? Ahhhhhh! Camisa branca, colete e gravata borboleta, você está descrevendo os garçons. Então, não é que eu estou filmando eles, é que eles estão em todos os lugares que eu estou filmando.

– Não, Cidinha, olhe direitinho nas filmagens, tem um que sempre está olhando em sua direção. Ele é um gatinho!

– Meeeeuuu Deuuuuus! Você está viajando, o cara está trabalhando, ele olha para todo mundo que o chamar pedindo uma bebida!

Após essa conversa no direct com a seguidora sobre o garçom que aparece sempre em suas filmagens, Cidinha resolveu observar se o que a sua fã disse fazia sentido. Em alguns poucos minutos de observação, ela pode constatar que sua seguidora estava certa. O rapaz realmente ficava olhando para ela. E isso seguiu noite afora...

Em certo momento, o garçom se aproxima e lhe oferece uma bebida e ela aceita um refrigerante. Na hora ele não tinha, mas disse que iria buscar com todo prazer e saiu apressado para buscar o refrigerante. Ao retornar com a bebida, o garçom trouxe uma taça, um pequeno balde com gelo, umas rodelas de limão e laranja e perguntou como ela gostava de beber. Cidinha ficou surpresa e disse-lhe que preferia com limão e gelo. Ele a serviu colocando três pedras de gelo na taça, em seguida duas rodelas de limão, e na sequência, abriu a latinha de refrigerante e colocou a metade do liquido na taça. Cidinha agradeceu verbalmente e com um sorriso, demonstrando a satisfação e surpresa pelo tratamento do garçom.

O garçom sai, para atender outros convidados, mas diz que ele estava ali para servi-la no que precisasse. Com a taça de refrigerante na mão esquerda, para evitar a exposição do arranjo que fez no vestido, foi conversar com as pessoas da festa, inclusive com sua prima que estava lá também.

– Prima, você está linda! E as pessoas estão comentando muito sobre a maquiagem da noiva! Todas querem saber quem fez... E claro que eu digo que foi minha prima. – disse Tái, dando risadas e jogando levemente a cabeça e o corpo para trás.

Cidinha acompanhou a risada da prima dando lhe uma tapinha no ombro esquerdo. Continuaram a conversar sobre a maquiagem, dessa vez da mãe da noiva, bem no exato momento em que a própria chegou para parabenizá-la, dizendo que a filha dela estava linda, mais linda que nunca, e que Cidinha era uma maquiadora de mãos cheias! Cidinha retribui a gentileza dizendo:

– Olha, eu só realço a beleza das pessoas, e sua filha é linda! Só evidenciei mais.

Nesse instante o garçom passa umas duas vezes por perto da Cidinha, na terceira vez ele para na rodinha de conversa, e oferece novamente uma bebida a todas, mas se dirigindo primeiramente para Cidinha.

– As meninas aceitam mais uma bebida? Seu refrigerante acabou? Posso lhe servir outro, pois esse já deve estar sem gosto, pelo derretimento do gelo, deixe-me preparar uma dose mais fresquinha.

Cidinha aceitou a troca por uma bebida mais "fresquinha". Novamente ela sorriu repetindo a frase do garçom numa pergunta

– Bebida fresquinha, humm?!

Todas riram e foram abastecidas pelo garçom, que queria impressionar a Cidinha. Ela não havia ainda entendido o interesse do garçom. No entanto, as meninas que estavam com ela perceberam! A prima se adiantou e logo foi dizendo com os olhos arregalados e sussurrando:

– Prima, você é a crush do gatinho

– Olha aí, a prima arrebentandooooooo os corações dos gatinhos... Mas, também, olha como você está linda, não está, meninas?

Todas responderam em um só coro:

– Simmmmmmmmmm!

Todas riram ao final, concordando com a prima da Cidinha, exceto ela que acompanhou a risada das amigas, mas não tinha o mesmo entendimento sobre o ocorrido. Na sequência, fez a sua última live do evento, explicando que estava cansada, mas que após acordar ela responderia todas as dúvidas das seguidoras sobre as técnicas que ela havia usado.

Terminando a live, e guardando o celular na bolsa, o garçom se aproxima e lhe pergunta:

– Oi, já está indo? Gostou da festa, do casamento, da música? E dos serviços do garçom, te atendi bem?

O garçom despejou de uma vez só as perguntas que queria fazer, por estar um pouco nervoso e para não perder a oportunidade de falar... O seu objetivo era o de ao menos adiar a ida de Cidinha, e, quem sabe, conseguir seu contato.

Cidinha começa a rir pela maneira que o garçom se apresentou, mas seu sorriso não era debochado, foi uma reação automática

– Olá, eu não entendi nada! Poderia repetir devagar?

– Ah, certo, desculpa! Ufa! Falei rápido, né? Mas vamos lá, eu te fiz três perguntas. A primeira delas é se você já estava indo embora da festa

– Sim, agora entendi, olha moço, estou indo para casa, estou muito cansada, estou aqui desde as 7 horas da manhã...

– Sério?

– Sim, sério. É que sou maquiadora e vim fazer a maquiagem da noiva, das daminhas de honras, das madrinhas e da mãe da noiva... E fiquei até agora.

– Nossa, foi você que maquiou a noiva? Ela estava muito bonita! Parabéns! E quem te maquiou?

– Eu mesma! Já estou acostumada. Desde a minha adolescência que faço isso...

–Realmente, parabéns! Você está muito bonita!

– Obrigada! Mas qual era a segunda pergunta?

Parado e olhando fixamente para Cidinha, o garçom não prestou muito a atenção na pergunta de Cidinha.

– E qual é a outra pergunta?

– Ah, claro, desculpa, é que eu estava olhando como você é bonita. Eu perguntei se você estava gostando da festa?

–Olha, moço, eu gostei muito. Está tudo maravilhoso no casamento, a música, as pessoas, a decoração... Está tudo lindo, mas eu já não aguento mais... Quero tirar esse salto alto, tomar um banho e dorrrrrrrmirrrrrrrr...

Cidinha falou isso e engatou um sorriso...

– Estou morta! Moço, vou ter que ir, tenho uma boa noite...

– Não, espera, ainda falta a última pergunta.

– Última pergunta?

– Sim.

– Ah, sim, eram três né? Nossa, estou tão cansada que nem percebi direito quantas perguntas foram. Mas qual é, então?

– Você gostou de mim? Putz, desculpa, quis dizer: você gostou do meu atendimento, te atendi bem?

– Sim, claro, você foi muito atencioso conosco, muito obrigada!

Nesse momento, sua prima lhe pergunta se ela já estava pronta para se despedir das pessoas...

– Claro, prima, vamos... Tchau, moço, boa noite!

Com isso, o garçom fala em um tom mais alto para Cidinha prestar a atenção nele:

– Meu nome é Alexandre!

– Viu, moço, como eu estou cansada, nem perguntei seu nome... Olha, eu me chamo Cidinha, prazer em conhecê-lo, tchau!

Disse isso e já foi se virando para ir embora quando o garçom, agora não mais desconhecido, disse:

— Cidinha, como posso te encontrar novamente?

—Ah, moç..., quero dizer, Alexandre! Me procura nas redes sociais, o nome é Cidinha Make Up.... Você vai achar... Eu fiz uma live hoje de todo o casamento... Inclusive, você está nas gravações da live... Tá bom? Tchau, tchau...

Alexandre fica imóvel após a despedida de Cidinha, por alguns segundos ficou parado vendo-a seguir seu caminho com a prima, rumo à sua casa, para descansar...

Já passava da 1h da manhã quando saiu da festa e, à medida que se dirigia para a saída da casa, ia se despedindo de quem encontrava...

O domingo mal recebeu os seus primeiros raios do sol e Alexandre já havia encontrado Cidinha nas redes sociais. Vasculhou todas as suas postagens, fotos, procurando em especial por fotos ou postagens que lhe desse indícios de que Cidinha era comprometida. Ao procurar em toda a rede social dela, percebe que nas fotos e nos posts atuais não constam que ela esteja namorando ou coisa assim... Deduziu. Ficou feliz e foi dormir, pensando que quando acordasse mandaria um direct para ela... Com esse pensamento adormeceu, pois saiu do casamento às 5 horas da manhã... Também cansado, porém feliz com o contato da Cidinha e por saber que ela não tinha ninguém!

Às 13h do domingo, Alexandre acorda e a primeira coisa que lembra é da Cidinha. A lembrança vem do sonho que teve com ela! Os sonhos são representações do que vivemos e experimentamos anteriormente, ou ainda, podemos entender que, do ponto de vista da psicanálise, os nossos sonhos são manifestações de nossos desejos inconscientes. Muitas vezes confusos, mas não é algo sem sentido, nem absurdo. É um fenômeno psíquico que contem restos diurnos, ou seja, acontecimentos do dia, traumas de infâncias e realização de desejo. Bem, o que não faltou foi desejo para Alexandre ao ter sonhado com Cidinha!

Alexandre, um rapaz que fazia a faculdade de educação física, 25 anos de idade, estava ainda no primeiro ano. Com um metro e setenta e cinco de altura, pesava 75 kg. Não era magro, nem gordo. Como a seguidora de Cidinha havia reparado na live, ele tinha um cabelo curto, barba rala. Trabalhava de garçom numa churrascaria e vez ou outra fazia "bicos" em festas particulares, como a do casamento.

A faculdade dele era particular. Morava em numa cidade diferente da Cidinha. Não era muito longe, uns 45 minutos de carro. Essa era a distância entre ele e a mulher dos seus sonhos. Era filho único também. Na faculdade, era popular e fazia sucesso com as meninas. Namorador? Sim, ele era. Mas estava querendo arrumar uma mulher de verdade. Queria ter algo sério com uma pessoa que lhe completasse e lhe desse um filho, para celebrar o que, na cabeça dele, era o amor perfeito. É, ele acreditava em amor perfeito!

Acreditava em amor à primeira vista! Acreditava em que Deus havia reservado para ele a mulher perfeita! Não era machista e nem preconceituoso. E foi com essa sensação de mulher perfeita que ele acordou lembrando a Maquiadora.

Os amigos dele diziam que era um coração mole e um nerd. O rapaz era bom nos estudos, suas notas eram sempre acima da média dos colegas de turma. Estudava pela manhã e trabalhava à tarde e à noite. Morava ainda com os pais. Ambos professores de educação física, veio daí a inspiração de seguir a profissão também. Entretanto, já estava se organizando para morar sozinho.

Pagode, festa sertaneja, ou melhor, o "pagodejo", que era como ele e seus amigos chamavam as festinhas de samba ao som das músicas sertanejas, e futebol eram seus hobbies. No pagode, era o cara do tamborim; na festa do sertanejo, era o cantor... desafinado, mas gostava de ser o vocalista, para o desespero dos amigos ouvintes. Agora, no futebol, ahhh, no futebol o cara era bom! Seu talento era o meio de campo, ser volante! Dominava o meio-campo, roubava as bolas e tinha uma precisão nos passes... Queria ser personal e trabalhar em um clube de futebol para ser preparador físico. Era o tipo de cara que se você perguntasse a formação dos jogadores nas copas em que o Brasil jogou, ele sabia tudo! Era impressionante! Sabia mesmo! Sabia até descrever a habilidade da cada jogador.

Às duas horas da tarde do domingo, já saindo para ir trabalhar na churrascaria, dá uma olhada nas redes sociais pelo celular e percebe que Cidinha estava on-line e que havia aceitado seu convite. Pronto! Estavam conectados. Era tudo que ele queria. Seguiu feliz indo pro trabalho, mas não antes de mandar uma mensagem para ela.

– Oi, gata, tudo bom? Sou o Alexandre, o garçom da festa de ontem. Vou trabalhar agora, mas depois que sair do trabalho entro em contato contigo. Aliás, vou deixar meu número do WhatsApp, passa o teu também? Tchau, até mais tarde!

Ele era um cara, firme! Suas posições e falas eram quase que imperativas, mas sem ser invasivo.

O "Oi, gata", ficou na cabeça de Cidinha quando viu o post dele e já o adicionando aos contatos. Ela pensou:

– Nossa, ele me chamou de gata!

Cidinha já estava há mais de duas horas tagarelando com seus seguidores sobre a festa do casamento e sobre as maquiagens. Nem tirou a sua para mostrar para os seguidores que a maquiagem era duradoura. Porém, avisou que iria lavar o rosto, pois não é bom ficar tanto tempo com os produtos. Após esse papo com seus seguidores, falou para a prima que ela havia adicionado o Alexandre na lista de contatos, e a prima perguntou:

– Quem? A-le-xan-dre?! Quem é Alexandre?

– Ai, prima, acorda! Alexandre, o garçom de ontem.

– Hummm, o gatinho! Lembro. Ele te ligou? Tá afim!

Cidinha ficou pensativa no "tá afim"... Falou em seguida:

– Ele me chamou de gata, disse que está indo trabalhar e que mais tarde entraria em contato! Olha aqui - mostrou o Celular para Tái.

– Ele trabalha no quê?

– Não sei! Ele não disse!

– Pergunta para ele, prima.

– Eu não. O menino foi trabalhar, não vou atrapalhar.

– Mas eu acho que ele está afim de você, Cidinha! Tá na cara!

– Seráaaaaa?

Continuou pensativa por alguns segundos... Mas logo dispensou o pensamento, dizendo que iria tomar um banho e tirar a maquiagem, que já estava a incomodando!

No final da tarde, perto das 18h, o telefone de Cidinha toca. Ela estava ao vivo em sua live quando isso aconteceu. Ela atende e diz para que em dez minutos retornasse a ligação, pois ela estava encerrando a live. Desligou o celular, voltando para os seus seguidores, sem saber quem era do outro lado da linha.

Passado os dez minutos, Alexandre liga como combinado, pois estava determinado a falar com ela.

– Cidinha, boa noite! Tudo bom? Sou eu, Alexandre, o garçom. Você já pode falar...?

— Oi, Alexandre, menino, me desculpa, eu estava terminando uma live e não poderia te dar atenção. Aliás, nem deu tempo para saber quem era. Mas, é assim mesmo.... vida de influencer! – dá uma risada - Me conte que horas você saiu do casamento, e já foi em seguida trabalhar...? Aliás, você trabalha com o quê?

— Então, Cidinha, eu saí de lá umas 5h da manhã, e entro no trabalho no domingo ao meio dia. Mas hoje falei com meu gerente para chegar às 15h. Eu sou garçom de uma churrascaria aqui na minha cidade.... Faço faculdade de Educação Física...

Continuou falando sobre si, e como falou... Falou tanto, que a Cidinha cansou e o interrompeu:

— Menino, você sabe do que eu gosto?

— Nossa, gatinha, falei demais, não é? Mas eu sei do que você gosta sim. Já vi no seu perfil, gostamos das mesmas coisas... Samba, sertanejo... Já foi numa rodinha de "pagodejo"? Vou te levar em uma.

Cidinha ficou surpresa com o quanto aquele rapaz, em menos de 24 horas, sabia tanta coisa de sua vida. Ela não atentou para o poder das redes sociais, que faz o trabalho sozinho para nos divulgar. Apenas focou no interesse do rapaz, por ela. E isso de certa forma a deixou curiosa para entender mais quem era aquele "garoto" que sabia tanto dela em tão pouco tempo.

— Pagodejo? Humm, deve ser interessante! Juntar um sambinha, pagodinho com sertanejo. Já estou até me vendo, derreter de tanto sambar! Podemos ver um dia sim para irmos. Mas parece que você trabalha todos os dias, não é?

— Opa! Quando você quiser eu te levo. É só marcar. Olha, vai ter um aqui perto do meu trabalho na quarta-feira, se você estiver disponível, podemos marcar... Passo ai e te pego!

— Calma menino, calma, eu gosto muito de festa, mas precisamos nos conhecer mais...

Ao dizer isso, já foi se despedindo de Alexandre, pois sua mãe a chamou para fazer alguma coisa. Alexandre insiste e diz:

— Booooora! Olha, quem não gosta de samba, bom sujeito não é! Viu?

Essa fala dele a fez gelar! Era o bordão que seu pai sempre falava! Ficou em silêncio por alguns instantes...

— Cidinha? Cidinha, está aí?

Cidinha reponde timidamente:

– S, si, siiiim!

– Está bem?

– Sim, preciso ir... Minha mãe me chamou.

– Tá bom! Te ligo amanhã, Beijo!

Alexandre desliga o telefone feliz, mas confuso. Não entendeu as reações da Cidinha sobre o "pagodejo"! Pensou que a súbita mudança e o silêncio teria sido sobre isso. Mas o comportamento estranho de Cidinha se deve ao fato de aquela era a frase que o pai usava sempre. Isso a fez pensar em duas coisas: a primeira, a saudade do pai, e a segunda, se perguntou como ele, Alexandre, poderia falar a mesma coisa que o pai?

Em seguida chora, chora aquele choro sentido, de quando um bebê é abandonado pela mãe, que vai chorando e esticando os bracinhos na direção da mãe que se afasta, na intenção de alcançá-la, como querendo dizer "não me deixe"! E é exatamente isso que ela faz, vai ao encontro da mãe buscar colo e se certificar que não será abandonada por ela.

Quase estava chegando em casa, faltando uns 5 pontos para descer do ônibus, Alexandre sentiu uma coisa muito gostosa internamente. Percebeu que estava feliz. Aquela sensação era definitivamente muito boa de sentir! Seus pensamentos estavam eufóricos!

– Uhuuu! O que? Não acredito! Será que estou apaixonado por ela? Eu acho que estou apaixonado. Isso é maneiro demais. Eu sei, eu sei, seu Alexandre - falou consigo mesmo - nós nos conhecemos ontem... Vai devagar. Mas quero sentir isso. Será que ela sente o mesmo? Não. Não! O empolgado aqui sou eu! Mas quem sabe com o tempo ela não me enxerga? Muito obrigado, Deus!

É... Realmente, Alexandre estava apaixonado! Foi amor à primeira vista! Como ele acredita, estava vivenciando sua primeira experiência disso!

No entanto, o que Alexandre estava sentindo não era amor. Poderia até virar amor algum dia, mas ainda não era. Na verdade, o que estava acontecendo com ele era atração.

A atração faz a gente sentir a pessoa mesmo estando em outro lugar. Seu corpo fica tenso, seu coração começa a acelerar, e as palmas das mãos começam a suar. Tudo isso acontece antes mesmo de conhecê-la direito. À medida que a pessoa se aproxima, suas pupilas se dilatam e sua boca seca. Aí está magia da atração, da química, quando nos sentimos atraídos por outra pessoa.

Alexandre estava sentindo isso. Não era amor. Era o princípio dele. As conversas entre os dois seguiu durante dias, semanas e meses. Eles já estavam se entendo melhor, a Cidinha já o conhecia e percebia que ele tinha muitas coisas parecidas com o seu Zeca. Alexandre não esconde o interesse que só aumenta a cada momento. Ele se abriu completamente para ela. Declarava-se para ela sem medo de ser rejeitado. Cidinha, por sua vez, cada dia mais ficava encantada com ele, como o que ele dizia, mas tinha um certo medo de "engatar" um namorico. A priori, ele não tinha intenções de se envolver com ninguém. Queria se dedicar à sua mãe e às lives de maquiagem.

Alexandre por sua vez, insistia em levá-la para uma rodinha de "pagodejo". Já fazia mais de seis meses que eles estavam conversando, mas nunca se viram pessoalmente. Mesmo com as insistências freqüentes, quase todo dia ele lhe fazia o convite. Enfim, durante uma conversa numa manhã de quarta-feira, o convite é reiterado para Cidinha ir com ele ao pagodejo, e ela aceita. Mas ela diz que não vai sozinha, que iria com a prima Tai.

Cidinha disse para ele que iria com a prima, de coletivo mesmo, pois era fácil de chegar. Precisava pegar apenas um ônibus. O ônibus intermunicipal passava na esquina do final da rua em que ela morava. Para ser mais preciso, o ponto do ônibus ficava na frente da ONG que sua mãe freqüentava e era presidente do clube de mães. Alexandre protestou, pois queria ir buscá-la, mas aceitou a recusa. Conformou-se e marcaram horário e lugar para se encontrarem.

O segundo passo para o amor foi dado. O cérebro do Alexandre tenta determinar se esta é uma pessoa pela qual você gostaria de se apaixonar. Apaixonar-se é bastante arriscado. Ao se aproximar as horas do encontro, o corpo dele começou a liberar diferentes hormônios, especificamente dopamina, testosterona e vasopressina.

No caso da Cidinha, ela liberava a dopamina e oxitocina. Note que a dopamina é liberada tanto nele quanto nela, pois estão entusiasmados com o potencial de ganhar a recompensa, que é o encontro.

Na Cidinha, os primeiros sinais de liberação de ocitocina se darão quando ela começar a confiar em Alexandre. A sensação de confiança na mulher é primordial para a mulher liberar o hormônio do bem estar, a ocitocina. Será liberado no abraço e/ou no beijo. Vai acontecer como uma preparação para se tornar sexual o encontro. No Alexandre, a liberação dap vasopressina, que é mais forte quando beijam, se abraçam e pensa em intimidades sexuais. Quanto mais ele receber aprovação da Cidinha, a testosterona aumentará.

Se tudo correr bem nesse encontro, esses hormônios atingirão um tipo de ponto crucial e gloriosa sensação que chamamos de "se apaixonar"!

De roupa nova, cabelo bem penteado e bem perfumado, sem ser exagerado, estava Alexandre esperando a sua maquiadora predileta, depois de 6 meses aguardando esse encontro. Estava confiante e nervoso ao mesmo tempo! Já eram 18h15. A previsão de o ônibus chegar no local era 18h30. Esses quinze minutos de espera são um pouco desconfortáveis. Esperando Cidinha, andava de um lado pro outro e apertava as mãos, se ajeitando de minuto a minuto. Pronto. Chega a hora esperada. O olhar fixo na estrada para identificar o ônibus era inevitável.

Segundos depois, o ônibus tão esperado parou. As portas se abriram e dele desceram pouco mais de uma dezena de pessoas. Entre elas, estava Cidinha, que saiu dos seus 1,65 cm e transformou-se em 1,72 cm devido a uma sandália de salto 8 cm, transparente, que deixava aparente suas unhas dos pés bem cuidadas e vermelhas e que combinavam com as unhas das mãos, de tamanho pequenas para médias. A maquiagem era surpreendente, cílios, olhos, batom com brilho de cor rosa claro. A maquiagem afinava seu rosto. Usava poucos adereços e roupa de tecidos leves com um pouco de brilho. Nada extravagante! Alexandre, surpreso, encantado, com batimentos cardíacos acelerados, aumentou a dilatação de sua pupila ,abre a boca e solta:

– Nossa, como você é linda! Obrigado, papai do Céu!

Cidinha e sua prima se entreolharam e riram juntas antes de serem cumprimentadas por ele. Depois das apresentações, seguiram para o "pagodejo", que estava a 3 minutos do ponto de ônibus. A noite passa, os dois se divertem muito, se conhecem mais. Cidinha conhece alguns amigos de Alexandre, sendo um deles o Dudu, que se interessou por Tái. A recíproca é verdadeira e eles ficam juntos nessa noite. Tudo ocorre bem. Aparentemente, Cidinha, Alexandre, Tái e Dudu estavam satisfeitos pelo encontro. Foi uma noite com muito pagodejo.

Ahhh... Sim, não esqueçam que o Alexandre foi cantar! Para desespero de todos e boas gargalhadas da Cidinha, principalmente quando ele dedicar uma das músicas para ela. Aí o bar foi ao delírio. No fim da noite, já se despedindo antes de entrar no ônibus, ao som de Renato Russo, um beijo aconteceu! Numa noite que não tinha luar, mas o "Love in the air", sim!

Como ocorreu tudo bem no encontro, o cérebro de Alexandre, parte para o terceiro passo rumo ao amor, que é a paixão! A paixão estava no ar. Os hormônios de Alexandre estavam fora de controle. Isso acontece quando nos apaixonamos, e não seria diferente com o garçom. Por exemplo, os níveis de cortisol, o hormônio do estresse e a da energia, ficam elevados.

Isso justifica o fato de que ele não estava se alimentando adequadamente e não dormir bem. Alexandre só pensava na Cidinha. No entanto, ele se sentia imensamente feliz.

A maioria das pessoas apaixonadas se sentem incrivelmente felizes, porque parte do seu cérebro. A amígdala fica "desativada" pelo excesso de cortisol, causando o estresse. Nesse caso, a amídala cerebral avisava o alarme que estávamos em níveis altos de cortisol, que precisaríamos voltar a se alimentar bem e dormir bem. Não é o caso de Alexandre nesse momento. Agora ele quer mais é ficar pensando na sua "amada", comer e dormir, nesse estágio é "irrelevante"!

Alexandre não consegue comer, nem dormir, pois ele está ansioso. Na nossa testa está localizado o nosso córtex pré-frontal ventromedial, que também é desativada durante o tempo da paixão. Essa é a parte do cérebro que faz o julgamento sobre nós mesmos e sobre outra pessoa. Ela é a parte que dá o freio em alguns dos nossos impulsos. Guardada às devidas proporções e livre de preconceito, o dito popular "o amor é cego" se justifica quando estamos apaixonados.

A fase que Alexandre está sentindo é temporária, dura de dezoito a trinta meses. Depois disso, o cérebro dele voltaria às suas condições normais de funcionamento. Nesse sentido, Alexandre pode perder o interesse pela Cidinha ou passar para a fase seguinte, que é o amor!

Bem, o tempo passa e os dois continuam se falando todos os dias. Foram se conhecendo mais e encontraram coisas em comum. Cidinha começou a entrar nas fases do apaixonar-se também! Suas lives passaram a ser mais espontâneas, mais divertidas! Seus olhos brilham nas lives! Já faz mais de um mês que eles se encontraram, todo dia virtualmente se falam. Passam horas e horas, madrugadas a dentro, trocando carinhos virtuais, declarações apaixonadas. Alexandre insiste em que eles se encontrem novamente, para ficarem sozinhos e dispara em uma desses bate-papos noturnos ente eles:

— Cidinha, já sinto você como parte de mim. Já te sinto como minha namorada, quer ser minha namorada?

— Noooossssaaaaa, Lê, assim, por telefone? Eu me sinto assim também! Mas a gente só se viu uma vez!

Cidinha, sem se dar conta, chama o garçom de "Lê", indicando que o grau de intimidade que estão tendo se tornou estreito. Alexandre responde:

– Então, minha gata, eu gosto de falar com você, você gosta de falar comigo, o que falta para ficarmos juntos "oficialmente"?

– Vamos marcar para nos ver e ficarmos sozinhos, só nos dois?

– O que você acha de irmos passar um final de semana na praia, tomar água de coco, fazer um passeio legal, caminhar na areia, ver o pôr do sol e ver o amanhecer? Podemos tomar café da manhã, almoçar, jantar juntinhos e nos abraçar, nos beijar, tomar banho juntos, dormir juntinhos e nos amar? Hummm? Que tal, vamos?

– Nossa, Lê, fiquei sem fôlego! Assim você me quebra, estou até com as pernas bambas... Vamos, vamos sim.... Que lindo!

Essa conversa aconteceu numa segunda-feira, e daí marcam para passarem o final de semana juntos. Foi nesse fim de semana que aconteceu a primeira noite de sexo entre eles. O desejo era mútuo, o respeito também, a vontade de estarem juntos era algo explícito e se mostrava na face de ambos. Foi um final de semana inesquecível. Com os dois apaixonados, cada sorriso, cada carinho, cada fala, cada brincadeira fazia tanto sentido e era tão intenso o que compartilharam e sentiram que decidiram sair dali como namorados!!

No aniversário de 24 anos de Cidinha, eles decidiram ficar noivos. O amor chega para os dois. A excitação neurológica ainda continuava, mas agora com uma certeza clarificante e explícita! Eles realmente se amavam ou, no mínimo, estavam caminhando para o amor. Entendiam que um era para outro. A cumplicidade, os olhares, os cuidados que um tinha pelo outro, eram da ordem do bem querer. O amor faz com que o cérebro seja ativado em superabundância.

Curiosamente, após decidirem ficarem noivos, os dois tiveram o mesmo sonho: sonharam com dentes caídos! Cidinha assim que acordou já compartilhou com Alexandre o conteúdo do sonho e o que chamou a atenção dela é que seus dentes caíam. Alexandre, por sua vez, ficou surpreso, pois também havia sonhado com seus dentes caindo. Eles não foram buscar o significado desse sonho, mas aqui podemos interpretar o possível significado para eles.

Os sonhos para a psicanálise têm um papel revelador do inconsciente do sonhador. Podemos interpretar o sonho com dentes caindo como sentir-se impotente, já que os dentes são ferramentas importantes para a sobrevivência. Sendo assim, a falta do dente pode representar uma castração. Entretanto, o sonho tem a ver com um contexto, e outra maneira que podemos ajudar o casal no entendimento de seus sonhos é o sonho como o símbolo, uma expansão pessoal, o momento em que eles se encontram: um renascimento interno! Pois, os dentes caem para que nasçam outros, com função mais duradoura. Eles deram um passo importante, saíram do status de namorados para o status de noivo. E isso foi registrado pela psique de ambos e representado através desse conteúdo onírico.

O noivado deles segue, Cidinha estava feliz, sendo amada e amando. Compartilhava nas redes sociais a sua felicidade, e incentivou as pessoas a amarem também, pois o estado de ser amada é algo que transcende o próprio ser. Alexandre, por sua vez, continuou na faculdade e agora estava no segundo ano. Também continuou trabalhado como garçom na churrascaria. Quanto ao pagodejo, tudo continua como sempre, só com uma diferencazinha, a presença da Cidinha. O casal começa a fazer planos de casar, comprar uma casa, carro, ter filhos e de estudos também! Nesse último ponto eles divergem.

Alexandre sempre estava estudando, planejando o que ele iria montar depois de formado e pensava como tudo seria. Imaginava e projetava como ganharia dinheiro com seu conhecimento e falava que queria ganhar dinheiro com ela. Com isso, ele dizia que seria importante que ela voltasse aos estudos e que seria interessante fazer uma faculdade, para terem uma vida mais equilibrada e também para o próprio benefício dela. Ele chegou a mencionar alguns cursos superiores que tinha se relacionavam com o que ela faz nas lives. Sugeriu Visagismo, estética, Fisioterapia, Medicina, para depois se especializar em cirurgia plástica, ... entre outros. Ele sempre insistia que o conhecimento transforma a cabeça das pessoas, mas Cidinha realmente não queria voltar a estudar. O trauma que ela adquiriu com os episódios de bullying sofridos no período escolar era muito difícil para ela. Alexandre não concordava, mas respeitava! Ficavam até chateados um com outro quanto tocavam nesse assunto.

Cidinha e Alexandre conversavam muito sobre todos os assuntos. E como havia assunto entre eles! Como gostavam muito da companhia um do outro, combinaram que o Alexandre poderia dormir lá na casa dela além de alguns finais de semana. A mãe não se opôs pois gostava muito do genro. Dizia dona Elza que Alexandre era um menino de ouro e ficava preocupada quando ele tinha que retornar para sua casa em outra cidade tarde da noite. Ao menos duas vezes por mês eles iam para o "pagodejo". Isso era lei. Até a mãe de Cidinha ia junto.

Certo dia, assistindo um programam matinal, teve o interesse de saber em que grau de obesidade ela se enquadrava. O programa de TV ensinou aos telespectadores como calcular o seu próprio índice de massa corpórea, mais conhecido como o IMC. Cidinha ficou muito atenta em como fazer o cálculo, e assim ela o fez. A fórmula do Índice de massa corpórea, que considera o peso distribuídos pela estatura do indivíduo é a seguinte: o peso, dividido pelo resultado da altura ao quadrado. Pois bem, primeiramente a Cidinha anotou o seu peso (95kg) e sua altura (1,65 m). Logo em seguida ela calculou o quadrado de sua altura, que nada mais é que multiplicar sua altura por ela mesma, ou seja, multiplicar altura x altura. No caso dela seria 1,65 x 1,65 = 2,7225. Com esse resultado, agora ficou fácil para montar a divisão: peso dividido pelo quadrado da altura. A continha fica assim IMC = 95/2,7225, que resulta aproximadamente no IMC igual a 34, 89, se utilizarmos duas casas decimais.

Com o resultado, Cidinha correu imediatamente para verificar com Alexandre em que classificação ela se encaixava. O noivo começou a explicá-la que a classificação estava dividida da seguinte maneira: sendo o IMC entre 19 e 25, normal. Os números entre 25,0 e 29,9 eram classificado como sobrepeso; o IMC entre 30,0 e 34,9 significava obesidade grau I; o IMC entre 35,0 e 39,9, obesidade grau II, e o IMC maior do que 40,0 Kg/m2, obesidade grau III.

Com a explicação de Alexandre, ela percebeu que estava no Grau I de obesidade. Uma coisa que ela percebeu também, é que deveria estar na classificação de IMC entre 19 e 25, pois esse índice indica normalidade. Ela também descobriu com Alexandre que era um problema estar com IMC menor que 19, podendo significar anorexia (desejo excessivo, ilimitado e sem controle de emagrecer). Ela gostou de saber qual era o seu nível de IMC, e gostou mais ainda por ter sido Alexandre quem a ajudou a entender. Bem, isso acendeu a luzinha vermelha no seu pensamento.

Essa troca de ideias com o noivo sobre IMC fez os dois combinassem de fazer caminhada bem cedo todos os dias quando ele estivesse por lá, antes que ele fosse para a faculdade. Foi uma forma que ele encontrou de compartilhar com ela a nova descoberta sobre o grau de obesidade em que ela se encontrava. Mas Alexandre nunca cobrou nada dela para emagrecer.

Cidinha encarou essas caminhadas, mesmo quando o noivo não estava lá. Não era projeto momentâneo de verão, algo passageiro para ela, era um projeto para a vida toda. O incentivo de Alexandre a faz continuar porque, se não fosse ele, seria muito difícil começar as caminhadas. Algumas pessoas acham que obesos são gordos porque querem, aliás, Mas esse não é o caso da Cidinha. Desde que nasceu que se conhece assim, gorda! Mas existem muitos fatores envolvidos: psicológicos, fisiológicos, sociais... E por aí vai...

Vendo o entusiasmo de sua noiva, Alexandre combinou com ela e pediu ajuda de um professor dele na faculdade para que fizesse um roteiro de atividade física ou exercício físico para ela. O professor pediu o máximo de informações possíveis sobre a noiva de seu aluno, fez sua avaliação e propôs uma rotina diária de atividades física. O professor achou melhor começar com andar, correr, dançar subir e descer escadas, ao invés de fazer exercícios físicos mais pesados, como musculação, ginástica, futebol, vôlei, basquete, natação, hidroginástica, artes marciais e alongamento. Também sugeriu um acompanhamento com um cardiologista.

Bem, com as instruções em mãos, no final da aula partiu para o trabalho e chegou na casa da Cidinha por volta de umas 11horas da noite. Sua faculdade e a churrascaria onde ele trabalhava ficam na cidade em que ele mora, mas a vontade de estar sempre com sua noiva era imensa e valia a pena o ir e vir de um lugar para outro todo dia! Há aí um estado mental compensatório. Mal chegou em "casa", já foi gritando pela noiva:

– Cidinha, amor, onde você está?

Entrou pela casa, caminhando e chamando por ela pelos cômodos da casa... A mãe ficou atenta, desviando sua atenção do que estava assistindo na televisão para o acompanhar com o olhar... Foi quando ele a encontrou no quarto fazendo uma maquiagem em si, nos olhos... Ela olha para ele, põe o seu dedo indicar direito na boca, fez um "biquinho", ao mesmo tempo em que segurava uma espécie de pincel pequeno, sinalizando para o noivo que estava ocupada naquele momento. Alexandre entendeu, pediu desculpas baixinhas e seguiu para falar com a sogra, a única que poderia lhe dar atenção naquele momento.

Explicado tudo para a sogra, dona Elza era só felicidade! Ficou contente com o que ouviu. Para a mãe de Cidinha, tudo que viesse para melhorar a saúde era sempre aprovado. Acontece que Cidinha herdou do pai a indisposição de ir ao médico a fazer consultas. Isso fez com que a mãe duvidasse da concretização da proposta do professor. Era fato que ela, Cidinha, nunca se queixou de dor ou de desconforto, a não ser as emocionais, que não eram poucas.

Terminando a live, Cidinha foi ao encontro do Noivo, ainda maquiada em um dos olhos, querendo saber do que se tratava aquela ansiedade dele. Sentaram os três na sala, com a TV ainda passando o programa, mas ninguém estava dando atenção. Todos estavam focados na proposta do professor de Alexandre para Cidinha. Ela acha tudo legal, mas não entende a diferença de atividade física e exercício físico. A mãe da Cidinha também fica curiosa para entender a diferença, e Alexandre explica que atividade física é qualquer movimento feito pela musculatura que resulta em gasto energético. Já os exercícios físicos são atividades sistematizadas, com sequência de movimentos para alcançar um objetivo, geralmente ligado à saúde ou estética.

A mãe da Cidinha se levanta, põe as duas mãos nas laterais do corpo e as escorrega até o quadril, dizendo:

– Ulala! Quer dizer que eu sempre fiz academia e não sabia? Tô podendo!

Todos riram com a espontaneidade de dona Elza! Cidinha só rateou a questão de ir ao médico. Fez uma carinha feia quando o Alexandre frisou a importância. Fora isso, ela gostou da rotina das atividades físicas, pois tinha certeza de que seu noivo não a deixaria sozinha. Até dona Elza disse que faria também com eles!

Quase às vésperas do aniversário dos 25 anos de Cidinha, e já praticado um ano de atividades físicas, regulares, a mãe de Cidinha obteve alguns resultados, diminuindo sua barriga. Inclusive, Alexandre construiu resistência e um pouco de aumento de massa muscular, pois já estava no terceiro ano da faculdade e com 27 anos. Mas Cidinha perdia muito pouco peso. Nesse período em que ela esteve fazendo as atividades, perdeu apenas um quilo. Mas isso ela perdia, ganhava e ficava por isso mesmo. Em alguns momentos, ela desistia de fazer atividade, preferia ficar dormindo! Era algo bom para refazer suas energias, porém dormia mal e fora do horário. Exceto isso, o casal estava cada vez mais apaixonado. Cidinha e Alexandre estavam cada vez mais unidos, mas ligados, mais cúmplices: era nítido o amor de um para o outro. Via-se nos olhos deles a sinceridade na entrega dessa paixão tão linda!

– Por que algumas pessoas emagrecem facilmente, mas eu não? Eu estou há um ano, doutor, fazendo atividade física, não como muito, tomo água, como salada aos montes, legumes, frutas... Ahhhh, como meus bolinhos de xícara, danço, sambo, toda semana praticamente eu vou pro pagodejo.

— Pagodejo?

— Sim, pagodejo! Gosta de pagode, samba ou sertanejo? Pronto! Misture tudo e o que é dá? Pa- go-de-jo!

— Sim, deve ser divertido!

— É sim, doutor. Muito bom!

Essa foi a conversa que Cidinha teve com médico, na consulta agendada por insistência da mãe e do Alexandre. O posto de saúde que era administrado pela ONG na esquina de sua rua. Essa consulta foi agendada porque depois de um ano de fazer as atividades físicas, ela não obteve um resultado satisfatório. Quer dizer, ela emagreceu, mas achava que seria mais.

— Bem, Cidinha, em meus 15 anos de experiência com emagrecimento, posso lhe assegurar que você não precisa ficar desesperada! Veja bem: você é daquelas que faz dieta e, mesmo assim, não vê efeitos na balança, enquanto algumas pessoas falam que emagreceram sem passar fome ou qualquer dificuldade, certo? O problema é mais complexo do que se imagina, Cidinha. Não basta comer bem e fazer exercícios. O processo de emagrecimento é composto de uma série de fatores que precisam ser levados em consideração. Para que haja uma perda de peso efetiva e saudável é necessário, principalmente, que o seu corpo confie em você. Não adianta apelar para dietas milagrosas, detox, cortar carboidratos ou deixar de beber e esperar resultados imediatos. Existem as questões hormonais, que podem estar desreguladas. O processo é lento e tudo depende da sua história de vida, genética e epigenética.

Parece que o médico deixou Cidinha sossegada. Tirou um peso dela. Foi sozinha para a consulta, pois a mãe estava no clube de mães e o Alexandre, pelo horário, estava na churrascaria. Ao sair da consulta, voltou para casa e foi direto fazer uma live, que de imediato alcançou mil seguidores e depois aumentando... Ela anunciou o tema: emagrecimento!

– Gente, acabei de voltar de um consulta e gostaria de compartilhar com vocês: de nada adianta "focar" de segunda a sexta-feira numa dieta e, aos sábados e domingos, ter dias regados a churrasco e cervejada. Isso atrapalha o processo de emagrecimento. Mas, vejam meu caso, eu não bebo, tenho uma alimentação equilibrada, venho fazendo a um ano caminhada, corridas, vocês são testemunhas, mas emagreci pouco, minha mãe perdeu três quilos, O Alexandre ganhou massa magra e eu, perdi apenas 1kg. Agora me digam: por que algumas pessoas emagrecem facilmente e outras não? Essa foi a pergunta que eu fiz pro médico! Então, amiga, estou perguntando isso para você, que de algum modo já teve um relação de amor e ódio com a sua aparência, ou então, para aquelas pessoas que, de algum modo, encontrou na comida uma espécie de anestésico, para aliviar a "dor" de não ser aceita ou das angustias que a vida proporciona. Parece que nós, gordas e gordos, vivemos 24 horas por dia e 7 dias da semana tendo que passar por aprovação da sociedade, para viver, ser feliz, ter talento, ser bonita, e por aí vai.... Eu gosto de mim! Mas às vezes a sociedade diz que nem eu mesma deveria gostar de mim, simplesmente por ser gorda! Amadas, eu, quando estava na escola, em cada ano letivo tinha que procurar me relacionar com alguém da minha turma, ou um professor ou professora, ou funcionários que fossem gordos também, porque assim me sentia menos sozinha! Aliás, vocês sabiam que crianças que tem seu peso adequado, podem ser cruéis com a coleguinha que não está no peso adequado? Acho até que elas nem fazem isso por maldades, elas apenas fazem! Em minha opinião, as crianças apenas reproduzem o que escutam em casa, com adultos.... Há uma crueldade, e parece que ela está generalizada na cabeça das pessoas desde criancinhas, para ofender e machucar as pessoas gordas! Agora, me digam, isso é certo?

Cidinha neste dia estava realmente disposta a pôr para fora o que lhe afligia depois de ter experimentado por um ano fazer atividades físicas com pouco resultado. ... Cidinha continuou a conversa com seus seguidores e terminou a live com 25 mil pessoas assistindo e uma média de 15 mil pessoas acompanhando seus "desabafos" por mais de duas horas....

Uma seguidora comenta:

– Olha, Cidinha, eu conheço bem os benefícios da perda de peso. Mas também conheço o outro lado disso. Não bebo refrigerantes açucarados, não como fast food. Participo regularmente de competições, como maratona. No entanto, na faculdade, eu era acima do peso. Tenho mais de 20 anos de formada e, nesse período, já perdi 10 ou 20 quilos. Mantive isso por um tempo, mas depois ganhei tudo de volta e até mais... Hoje estou acima do peso em 30 quilos.

Cidinha, para concordar com sua seguidora, compartilha o que seu médico falou a ela:

– O médico com quem me consultei aqui na ONG tinha mais de 10 anos de experiência na área de emagrecimento. Ele me disse que pacientes obesos chegavam à sua clínica determinados a perder peso. A maioria deles conseguiam o que foram buscar com ele. Mas, impressionantemente, em questão de anos, todo o esforço eram desfeitos, pois os pacientes do doutor voltavam a engordar novamente. Isso acontecia gradativamente. O que eu entendi da fala dele era que qualquer pessoa que já fez alguma dieta inconscientemente sabe que os quilos perdidos voltariam! Deve ser por isso que sonham comendo ou passado fome! Sei lá... Vai saber, não é?

Bem, nesse momento Cidinha até que tem um pouco de razão, pois nossos sonhos podem parecer incoerentes, mas, quando é feita a interpretação correta deles, percebemos que fazem mais sentido do que pensávamos. Os sonhos revelam sobre o que se passa em nosso inconsciente. Depois dessa intervenção, ela continua falando para seus fãs...

– Sabe o que as pessoas acham disso? Que é falta de disciplina ou falta de força de vontade da pessoa! Querem saber mais? O Dr. disse que, mesmo com os pacientes fazendo o tratamento, eles sentiam muito mais fome e eram mais preocupados com a comida do que focar no emagrecimento. O médico me disse ainda que, quando a gente vai emagrecer, o corpo passa por várias mudanças metabólicas e hormonais. Chique de mais o hômi! Depois ele veio com umas palavras esquisitas... Uma tal de lepitina. Que nome miserável é esse? Bem, meus amados, o Dr. também falou de uma tal de "grelina". Isso é lá nome de substância? Ela faz a gente comer e comer... Ele disse que esse hormônio é o que dá fome na gente quando o temos em muita quantidade no corpo. E olhem aí o babado: cerca de 20% desse hormônio estaria baixo nas pessoas que fizeram o "raio" dessa cirurgia... Ahhh, tem outra bonitinha que ele falou! Éeee, peraí, que eu vou lembrar! Le-pi-ti-na! Acho que é isso, nem sei como se escreve isso... O que importa é que essa outra faz com que a gente não queira comer mais. Então é assim: a gre-li-na faz a gente abrir a boca, enquanto a Le-pi-ti-na faz a gente fechar!

Uma seguidora a interrompe e diz:

– Cidinha, essa última palavra só tem um "i". Depois do "p" não tem vogal!

Cidinha respondeu com uma brincadeira...

– Está vendo, gente? Essa comunidade num é fraca não! Olha isso, a outra já foi logo me corrigindo... É isso, meu amor, temos que falar as coisas certas! Top!

O bate-papo segue dinâmico. O tema sobre ser gorda tomou conta das semanas que se seguiram em suas lives, virou mexeu o tema "ser gorda" vinha à pauta, e ela, Cidinha, estava gostando , pois ela estava mais à vontade para falar disso além de maquiagem! Nesse ínterim de falar sobre ser gorda ela aumentou o número de seguidoras em suas lives. Foi chamada mais ainda para fazer duas festas tops, porém ela disse que em outubro, não faria festa de ninguém, ela iria se ocupar com a sua festa de 25 anos. Seria uma festa temática: festa das bodas de prata de Cidinha!

O dia do aniversário de Cidinha chega! Ela estava só euforia! Feliz pelo aniversário, feliz por estar amando e sendo amada, feliz por ainda estar com sua mãe viva, feliz pelos pais do noivo estarem juntos com ela para comemorar o aniversário. Sua prima também estava na festa. Foi um aniversário em família mesmo. Ela, a mãe, Alexandre e seus pais, a prima e o ficante, sim, o Dudu, que de vez em quando ficava com a Thayara (Tái). Não era namoro, apenas estavam ficando! Foi algo em família mesmo.

Cidinha, curiosamente, não quis fazer live do seu aniversário. Combinou com seus seguidores que postarias algumas fotos! Cidinha, ao fazer isso, fez um gesto para seus seguidores que há momentos em que a privacidade dela é só dela! Recebeu felicitações, emojis, musiquinhas, cartão de aniversário e presentes. Nossa, como ganhou presentes essa maquiadora! Aparentemente, Cidinha se dava bem com os seus sogros. Tratavam-se bem, eram cordiais e amorosos ao tratar com a noiva de seu filho. Apesar de que na primeira vez que eles a viram pessoalmente, perguntaram ao filho se não havia outras garotas na cidade ou na faculdade! Comentário que de imediato foi repreendido por Alexandre. Logicamente esse tipo de fala nunca mais foi externada. Se continuaram a pensar que Cidinha não era a "garota perfeita" para o filho, ele, Alexandre, não sabia, pois, como citamos, não era externado! Na reunião de aniversário da Cidinha, ficou combinado de repetir o encontro, mas agora numa data especial: Natal!! mas dessa vez seria na casa dos pais do Alexandre.

Os dias voaram, outubro e novembro pareciam mais um abrir e piscar de olhos de tão rápido que foi chegar em dezembro. Dezembro, como conhecemos, é um mês muito movimento. Tudo está em confraternização. Festas de empresas, escolas, amigos, faculdade... Por falar em faculdade, Alexandre estava no período de provas para o encerramento do ano. Ele não tinha problemas com notas, mas estudava bastante para não ficar retido em alguma disciplina na faculdade. Além disso, começou a chegar mais tarde em casa, pois as empresas geralmente buscavam a churrascaria para fazer as confraternizações de fim de ano.

Cidinha está bem financeiramente, pois durante a semana ela tinha muito trabalho para fazer. Tinha muita gente para maquiar. Começou a atender as pessoas em casa, pois não tinha tempo para ir até a cliente. Então preferiu concentrar as maquiagens e as transmitia as lives enquanto maquiava as suas clientes. Isso também fez aumentar o número de seguidores e daí veio o seu primeiro patrocínio das lives. Uma loja de cosméticos da cidade, viu a oportunidade de visibilidade e fidelidade dos seguidores da Cidinha na compra de seus produtos, fez um contrato com ela, por um ano, atrelando a venda dos produtos a uma maquiagem com Cidinha, além da propaganda da loja em banners nas redes sociais da maquiadora.

A mãe de Cidinha também não ficou atrás dos dois: também teve suas encomendas aumentadas dos docinhos, inclusive os bolinhos que são a paixão de Cidinha: os bolinho de xícara! Sua prima (Tái) também estava ocupadíssima com a faculdade. Os pais de Alexandre se ocupavam com as fases finais de avaliações nas escolas que davam aula, além dos clubes e academias em que trabalhavam. É em dezembro que as academias bombam de gente, para deixar o shape sarado, ou seja, todos muito ocupados. Mas foram combinando como seria a noite de Natal na casa dos pais de Alexandre. Além de toda essa correria, ainda tem a questão da pintura da casa da mãe de Cidinha, que resolveram mudar. Mas já mudaram tudo, entrada, varanda, quintal. Pintaram tudo!

Vinte e quatro de Dezembro também chegou rápido, num piscar de olhos. Como não seria diferente, Cidinha maquiou as mulheres que estavam na noite de véspera de Natal. Na festa de Natal, estavam outros parentes de Alexandre, tias, tios, avós, primos, primas.... Até cachorro estava na festa!

O cachorro (Golden retriever) era de uma das tias, que não tinha com que deixá-lo, porque ficou com dó em "abandoná-lo" por algumas horas. Esse cachorro foi também a alegria da festa de natal. Todos queriam fazer carinho no filhote de seis meses de vida, pegá-lo, pôr no colo. O golden retriever da tia de Alexandre, apesar de ser ainda pequeno, pesava 16 kg. É o tipo de cachorro grande que encanta por ser dócil, companheiro, sociável e brincalhão devido à sua inteligência e disposição. Também podia ser um cão guia.

Cidinha e Alexandre, estavam cada vez mais apaixonados, mas a festa de Natal fizeram eles se amarem e se conectarem mais. A virada de ano novo foi na casa da tia dele, a tia do golden retriever. Ela fez questão que os três estivessem lá na passagem de ano. Os três a quem a dona do retriever se refere são o sobrinho, a Cidinha e a dona Elza. Ficou tudo acertado e foram passar o réveillon lá com a tia. Chegaram no dia 27 de Dezembro, depois das 18h, pois o Alexandre, trabalhou pela manhã para o almoço da churrascaria. A mãe de Cidinha entregou umas encomendas antecipadas também pela manhã. Cidinha fez uma live falando de maquiagem de tom da pele e para a festa do réveillon.

Assim que chegaram na casa da tia, o golden retriever foi o primeiro a recebê-los. Cidinha estava se queixando de mal estar durante todo o dia e chegou a falar para Alexandre. Mas como ela não estava totalmente ruim, ele disse que logo era melhoraria... Ela acenou positivamente com a cabeça e foram entrando na casa já com a tia, os primos e tio os recebendo. Instalados, decidiram dar uma caminhada, para tomar um sorvete, o calor estava daqueles que conhecemos aqui no Brasil nessa época! Colocaram roupas mais confortáveis e chinelos de dedo. No momento que estavam saindo, Cidinha não se sente bem e quase caiu, segurou-se na parede ao sair do quarto! Sua mãe viu a "cena" e correu em seu socorro, gritando pelo Alexandre. O grito fez com que seus parentes ficassem alerta... Cidinha realmente não estava se sentindo bem, foi então que o tio de Alexandre se ofereceu para levá-la na Unidade de Pronto Atendimento - UPA, que estava a duas quadras da casa. Preferiram ir de carro, para adiantar. Chegando à UPA, haviam poucos pacientes para serem atendidos. Alguns minutos depois ela foi atendida, examinada e colheram também uma amostra de sangue. O resultado sairia no mesmo dia, em duas horas, que era o tempo adequado para ficar em observação. O diagnóstico do atendimento foi pressão alta e aquilo que o médico já desconfiava se confirmou, isto é, gravidez! Essa notícia deixou todos felizes! Todos que estavam na enfermaria junto com a Cidinha, que eram sua mãe e a tia de Alexandre. O tio e a prima de Alexandre estavam com ele na recepção da UPA. Os demais ficaram na casa, pois não cabiam no carro e também não havia necessidade de tanta gente para o atendimento! Com o diagnóstico, foi medicada e aconselhada sobre a pressão alta e gravidez, Cidinha teve alta da UPA e todos voltaram para casa, comentando a respeito e felizes pela notícia da gravidez. Cidinha estava surpresa e feliz e Alexandre agarrado com ela, no banco de trás do carro, com uma expressão no rosto de "Nossa, vou ser pai!".

Notícia compartilhada com os demais que estavam na casa, parece que a virada de ano promete mais expectativa, uma expectativa de desejar tudo de bom para todos. Uma vida sendo gerada sempre deixa algumas pessoas felizes, pela felicidade do outro ou simplesmente pela celebração da vida! O "bem" mais valioso que o ser humano possa ter. Não saíram de casa porque a novidade estava lá nessa noite. O "delivery" foi a opção para degustar o sorvete após todos devorarem as pizzas e as garrafas de vinhos que eles tomaram para brindar a vida! Menos a Cidinha, que além de não beber, estava tomando um suco de uva! A conversa entre eles era a gravidez de Cidinha, as experiências de ser mãe, o que sentiam, se enjoavam, se os maridos enjoavam, a hora do parto, etc... Foi uma conversa divertida e saudosista, com ares didáticos para mãe de primeira viagem.

O segundo brinde depois desse jantar foi regado a pizzas, vinhos e sorvetes. Foi no réveillon, a chegada do novo ano e do novo ser, que já tinha nome, Júnior! Seria a continuidade do pai se menino; se menina, teria o nome da avó materna de Cidinha. Eles ficaram mais uns dias após a virada do ano na casa da tia de Alexandre, antes de retornarem para suas casas.

Bem, quanto à gravidez de Cidinha, carece de acompanhamento médico, pois ela está com pressão alta e obesidade grau I, podendo levá-la a um quadro de pré-eclâmpsia. Isso se trata deum tipo de convulsão que acontece na gravidez e pode ser fatal para a mãe e bebê. Uma pressão arterial acima de 14 por 9 já é indício de que devemos acompanhar bem mais de perto a gravidez.

Se não for tratada, a pré-eclâmpsia pode levar a sérias complicações para a gestante e seu bebê. Se há diagnóstico de pré-eclâmpsia, a grávida e equipe médica devem trabalhar para que o bebê não corra risco de complicações antes de o parto ocorrer. Cidinha, mesmo não gostando de ir ao médico, se conscientizou que deveria, pois ela queria muito dar um filho para o garçom que ia cursar o 4º ano do curso de Educação Física da faculdade.

Alexandre estava bem preocupado com o estado da Cidinha. Fazia questão de acompanhar todas as vezes que ela tinha consulta agendada. As recomendações do médico eram: ingerir pouco sódio, reduzir o peso, dormir adequadamente bem e fazer caminhada regularmente. Além de repouso. Ter o mínimo de esforço possível. Quanto à medicação, esta ainda não foi solicitada, mas o tratamento aposta na mudança de hábitos.

Seu acompanhamento médico era feito na ONG, por questões de proximidade, na mesma calçada praticamente e também por já ser conhecida. Isso facilitou bastante. Suas lives continuaram agora com o diário de bordo da Cidinha. Diminuiu as atividades de maquiagem, em função da química envolvida e continuou com o contrato da loja de cosméticos, porém dava "consultoria" online para os clientes da loja. Tudo acertado e combinado, Cidinha segue com sua gravidez, de risco, mas atenta a tudo. Seguia direitinho as questões alimentares, caminhada e o sono, que aumentou bastante. Os primeiros três meses foram bastante conturbados para adaptar-se às mudanças. Quando falo tudo, é tudo, inclusive adaptar-se às questões de ser mãe, mudanças no corpo e o desejo sexual.

Dona Elza a ajudava bastante, Alexandre trouxe livros para ela ler um pouco e esquecer os esforços de fazer as lives, que às vezes a deixava nervosa por queda da internet. Quarto mês de gestação, Cidinha teve um breve pico de aumento da pressão, e então correram com ela para o postinho de saúde que se localizava na ONG, fiou lá mesmo em observação, e depois liberada para casa. A equipe de saúde que trabalhavam na ONG decidiu fazer o acompanhamento dela em casa, para evitar o esforço desnecessário, porém, sua caminhada era acompanhada pelo noivo, enquanto sua mãe preparava a alimentação. De certa maneira, a alimentação da casa mudou. E todos acompanharam, sem reclamar. Isso ajudou bastante para manter a gravidez, digamos, "equilibrada."

Certo dia, estava assistindo a um tutorial sobre visagismo, e veio a ideia de fazer o curso de cabeleireira. Compartilhou logo com Alexandre que fiou muito feliz por ela ter pensado em retornar aos estudos, já queria fazer a matrícula dela, mas sua mãe interveio e disse que só depois dela ganhar o bebê. Isso porque tinha muita química envolvida em cabelo, e isso poderia prejudicar a gravidez. Após ter dito isso, todos concordaram e deixaram para o futuro próximo o curso. Um passo decisivo foi dado para o que viria a ser Cidinha anos depois...

Como era de se esperar, as complicações de hipertensão no pré-natal vieram, então Cidinha precisou de um acompanhamento médico que a explicasse que talvez fosse mais recomendado o parto cesariana do que o normal. Já passavam dos seis meses de gestação, quando sentiu dor abdominal superior direito, dores de cabeça, problemas de visão e alteração do estado mental, tais como a diminuição do alerta. Era um quadro de pré-eclâmpsia!

Nesse período, Alexandre já estava com seus 28 anos de idade, começou a estagiar, mas continua indo para a faculdade, fazendo as provas do segundo bimestre pela manhã, à tarde, no estágio, à noite, na churrascaria e o dia todo com a cabeça em Cidinha! A barriga agora já era visível e dava uma alteração na forma de Cidinha. Aumento de peso!

Cidinha nunca percebeu, mas roncava. Seu ronco era profundo e rítmico. O ronco ocorre porque há uma obstrução do ar nas vias áreas superiores, que pode ser pelo excesso de gordura no pescoço, por carne esponjosa, por dormir sempre de barriga para cima, por estar cansada, e ter feito uso de bebida alcoólica, também. Bem, o ronco de Cidinha era um alerta!

Antes de Alexandre chegar em casa nesse dia, Cidinha estava dormindo quando acordou com seu próprio ronco e a mãe que estava perto percebeu.

— Filha, você está bem? O que foi? Engasgou?

— Não, mãe. Nossa, o que foi isso, foi um ronco?

— Foi sim, filha!

Cidinha se conscientizou que ronca e disse para a mãe que o Alexandre nunca falou sobre isso com ela. Ele sempre diz que eu sou perfeita!

– É, filha, alguns homens gostam de um pouco de carne, algo em que se agarrar.

Riram juntas, mas Cidinha continuou:

– Vou me casar com um homem maravilhoso. Um homem que lhe dará netos.

Sua mãe sorriu e perguntou quando isso aconteceria. Riram novamente e Cidinha respondeu:

– Quando tudo isso passar, meus roncos inclusive, e chegar a hora!

– Pena que meu pai não estará aqui para ver seu neto nascer! Ele ficaria feliz, não é, mãe?

A lembrança vem acompanhada de lágrimas descendo pelo rosto! Dona Elza sorriu carinhosamente.

– Por que você está sorrindo, mãe? Estou feliz por estar em casa, com você, e seu pai, também está feliz. Mãe, o Alexandre é ótimo! Ele nunca fez nada para me sentir diminuída. Nada. Um dia, nós estávamos deitados, ele me disse assim: "gosto das mulheres com gordurinhas, baby, e você é simplesmente perfeita".

Concordaram que Alexandre era apaixonado por Cidinha, mas ficaram preocupadas com a questão do ronco! Os meses passam e a gravidez vai ficando mais preocupante, a pressão oscilava entre 13 por 9 a 14 por 9. Era algo que todos ficavam atentos. As lives continuaram em baixo ritmo e os seguidores acompanhavam tudo!

Cidinha já estava com 34 semanas e mãe resolveu fazer um chá de bebê para a filha com o clube de mães da ONG. Todas foram para lá numa tarde, enquanto o Alexandre estava correndo com os dois trabalhos: estágio e churrascaria, além da faculdade... Foi divertido, só mulheres, muitos presentes. Quero dizer, muitas fraldas... Centenas delas.

No dia 4 de setembro, Cidinha acorda muito mal, antes mesmo de Alexandre sair para a faculdade, e é levada às pressas para o hospital-maternidade. Alexandre e a mãe vão juntos. Ela fica internada, acompanhada pela mãe, e Alexandre vai para faculdade. Ele não queria ir, mas a Cidinha disse que tudo iria ficar bem, que ela já estava melhor! Segue Alexandre para a faculdade.... Sempre ligando para saber de notícias de como estava a sua amada e seu filho... Saiu da faculdade e foi para o estágio, perto das 16 horas, recebeu um telefonema para ir ao hospital, pois Cidinha iria fazer uma cesariana.

Alexandre enlouquece, e sai desesperado do estágio, em direção a maternidade. Não era longe, mas também não era perto, e havia trânsito. Pegou um ônibus que passa na frente do Hospital, mas, de repente, há um tumulto na frente do ônibus, numa parada no semáforo, quando entra um homem correndo para o fundo do ônibus, e outro tenta intimidá-lo com uma arma de fogo, de fora do ônibus... Situação extremamente conflitante, uma gritaria dentro e fora do coletivo, Alexandre olha pela janela do ônibus para entender o que estava acontecendo, querendo chegar mais rápido no hospital, quando na janela ao lado o rapaz que entra correndo, põe parte dos seus antebraços para fora com objetivo de atirar no indivíduo que o ameaçava, Era um policial, que num ato impensado ou instintivo, revida e acerta Alexandre na cabeça! Morte imediata! O rapaz também foi acertado no braço que faz a arma de fogo dele cair do lado de fora do ônibus, ocasião em que o ônibus foi cercado, o rapaz preso, e só depois Alexandre, já sem vida, foi "socorrido"!

A notícia chega rápido no hospital pelos próprios policiais, que vasculharam os documentos e celular dele, fazendo a última ligação. Quem atendeu o telefone foi dona Elza! Neste instante Cidinha estava sendo operada para retirada do filho, tão amado e esperado pelo jovem casal. Que situação! A criança nasceu bem! A mãe teve algumas complicações e vai ficar em observação.

Com a notícia do genro morto, a filha dando a luz, em um parto de risco, e sem saber notícias do neto... Dona Elza se põe a chorar, muito, mas muito mesmo, devido à sua total impotência, carga emocional e sofrimento triplo!

Setembro, dia 4, Alexandre foi morto a caminho do Hospital por um policial. Seu filho nasce saudável, sua amada estava em recuperação, perguntando pelo noivo sem saber de nada. Adormece pelo efeito medicamentoso e, ao acordar no dia seguinte, também não sabia que seu grande amor havia sido enterrado! A terceira derrocada de Cidinha se anuncia em quadros dramáticos.

Três dias depois do funeral de Alexandre, e prestes a ter alta, fica sabendo do ocorrido, ainda no hospital. Chega a desfalecer e precisa ficar mais um dia em observação. O bebê estava bem assistido no berçário, pela equipe de saúde neonatal.

Medicada, e agora mais "calma", com a pressão estabilizada, mas abatida visivelmente, Cidinha tenta "digerir" a forma violenta como perdeu seu noivo, a forma como se deu tudo, sem poder ter "enterrado" e dar o último adeus ao seu amado. Tudo aconteceu no mesmo instante que dava a luz ao filho deles... Além das complicações que passou no parto, estava preocupada com o estado do filho, que logo foi acalmada recebendo a notícia de que ele estava bem! Notícia que proporcionou um semblante mais de tranquilidade em sua face. Quis ir ao cemitério, após alta do hospital, para se despedir do noivo! Mas a mãe a impede, propondo a ela, que quando estivessem melhor, elas iriam fazer isso! Por enquanto, o repouso era a palavra de ordem.

Não foi fácil passar pelo processo de luto novamente! Desenvolveu a depressão pós-parto.

Cidinha estava se odiando, com raiva, queria culpar alguém, mas não achava! Odiava seu peso, sua pressão alta, odiava a vida, odiava tudo que a fizesse lembrar pelo que ela estava passando. Suas lives pararam e seu contrato com a loja de cosméticos foi interrompido! O seu filho Junior era uma motivo de lembrar-se do ocorrido e então, rejeitou a criança! Não quis amamentá-lo. Seu leite vazava a todo instante. E a criança com fome! Uma alternativa que dona Elza achou para não prejudicar a criança foi coletar o leite direto do peito da filha para alimentar o neto. Isso se deu por muito tempo!

A fase de negação do luto estava "irredutível". Seu filho, já com 4 meses, ainda não tinha o afago da mãe. A insônia era algo presente, o apetite era escasso, a irritabilidade era notória, além da dificuldade de criar um vínculo com o bebê. Nos meses que seguiram após o 4 de setembro, as datas comemorativas não aconteciam. O aniversário de 26 anos de Cidinha em Outubro, não aconteceu; Natal, não aconteceu; réveillon, não aconteceu. O que ficou marcado nesse restante de ano foi que no dia 2 de novembro ela conseguiu ir ao cemitério se despedir do noivo, e depois fazer uma vista ao túmulo do pai. Isso foi muito dolorido para Cidinha e para quem estava com ela. A dor estava visivelmente arraigada no semblante, no corpo, nos olhos, nas falas, no choro de Cidinha.

Já era janeiro, o início de outro ano. D. Elza tenta aproximar o filho à mãe aos poucos para ver se ela o acolhia. A criança sentia muito a falta da mãe, chora bastante, mesmo estando limpo, alimentado e sem sono. O choro era por não sentir o cheiro, o calor, a voz da mãe. Era um choro de reclamar o abandono. A vó entedia tudo e fazia o que lhe era possível fazer. Sofria duplamente, sofria com a filha, sofria com o neto! Não foi dessa vez que Cidinha o acolheu. Mas a dona Elza era insistente, ia tentando, tentando...

As amigas do clube de mães da ONG, sempre visitavam dona Elza, e algumas vezes também faziam as reuniões na casa dela, pois ela tinha que cuidar da filha e do neto. Numa dessas reuniões, um colega do grupo sugere para dona Elza que Cidinha faça um acompanhamento com os serviços de psicanálise que a ONG oferece gratuitamente. A mãe comentou com Cidinha e juntas entenderam que um profissional poderia ajudar a passar esse momento tão atípico e sofrido pelo qual ela estava experimentando. Procurou os serviços sociais gratuitos oferecidos pela ONG de psicanálise. Um passo muito bem dado para o futuro de Cidinha e do seu filho, Junior. Isso foi perfeito!

– Ao longo de muitos anos, nunca fiz terapia, mas finalmente aprendi a entender a necessidade de fazer isso. Minha vida está uma porcaria! Aliás, nunca foi fácil. A começar pelo meu peso. A versão mais magra de mim nunca conheci. Isso me fez abandonar os estudos e consequentemente a ida para faculdade. Eu gosto de mim. Mas as pessoas em geral não! Quando me olho no espelho, sempre vi uma menina que era amada pelos pais, via uma menina bonita, alegre, mas também via uma menina triste, querendo entender porque as pessoas a olhavam de um jeito diferente e era rejeitada! Eu nem consigo me lembrar da última vez que me senti feliz de ser amada pelo que eu era, antes do Alexandre. Por muitas vezes tinha vergonha de sair à noite para as baladas. O que iria vestir?

No ônibus sempre foi uma tormenta aquelas catracas. Sabe doutor, cheguei a ser demitida pela patroa porque eu era acima do peso. Alegaram que eu não estava apta a ser recepcionista! Pense comigo, doutor, que esforço faz uma recepcionista para que seja demitida por ser gorda? Cheguei a me convencer em silêncio que nunca iria ser interessante para alguém! Com Alexandre eu me sentia eu mesma. Ele me olhava por dentro. Notou em mim todas as coisas boas que eu nem sabia tinha. Sobre minha aparência: ele dizia que eu era linda do jeito que eu era... Isso me fez me amar do jeito que sou. Gorda! Mas sempre haverá um pedaço de mim que ainda sentirá um desconforto quando olhar para a balança ou no espelho. Esses pensamentos vêm naturalmente, tal qual vem da boca das pessoas que me criticam por ser acima do peso. Quando estou chateada pelos comentários, olhares e risadas pelo meu peso, tiro uma selfie para me dar um impulso de confiança, para me achar bonita ou apenas coloco minhas mãos nos meus quadris e me encaro com um sorriso (muitas vezes forçado, fingido) e digo "você é linda!". Eu apenas aceito que às vezes vou me sentir mal com meu peso e tento me convencer que está tudo bem! Essa é briga que faço todos os dias comigo mesma. Esconder minhas dores. Era difícil encontrar o amor-próprio. Mas com Alexandre voltei à cena do namoro depois de um tempo só ficando. Sim, pois as pessoas até queriam ficar comigo, só não queriam me namorar. Eu sempre soube disso. Sexo sem orgasmo teve. Só aprendi a ter orgasmos com Alexandre. E foi a primeira vez que senti essa sensação. Me senti mulher! Já me apaixonei várias vezes em silêncio. Sexo com luz acesa, nem sabia que era possível. Descobri isso com o meu noivo. No começo, fiquei muito envergonhada, mas depois adorei! Com outros caras, transei sempre com luz apagada. Achei que eles gostavam da sensação da penumbra. Com Alexandre, era tudo diferente, ele percorria meu corpo todo: dos pés à cabeça, de cima abaixo, cada parte do meu corpo era amada. Com os outros, eram relações sexuais rápidas. Era recriminada por comer meus bolinhos de xícara. Ai, que saudade deles... Minha mãe deixou de fazer, preocupada comigo! Meu filho, meu filho, meu filho... Não sinto que ele é meu filho. Eu sei que é! Mas não consigo sentir isso. Porém, quando penso que foi Alexandre que fez ele em mim, consigo ter carinho e quero abraçá-lo. Hoje, não sei o que fazer, não sei o que sentir, não faço mais minhas lives, não quero me maquiar... Tenho sonhos horríveis, isso quando consigo dormir, quero amar meu filho, mas não consigo. Quero arrancar esse vazio... Estou no piloto automático. Quem está me guiando? Para onde estão me levando? Basta! Não quero mais isso para mim, por isso estou aqui para me entender e me libertar dessa sensação de injustiça que sempre tive, desde criança!

Essas foram partes das conversas que a ex-noiva de Alexandre teve com o seu analista. Ela estava com mais peso, roncava mais, estava com insônia, depressiva pós-parto, em luto, pesadelos e gritos noturnos se tornariam frequentes...

O objetivo do tratamento é contribuir na estruturação e organização psíquica de Cidinha, com o intuito de aliviar e proporcionar o desaparecimento dos sintomas, após um determinado período. A Terapia Psicanalítica tem como princípio a compreensão dos comportamentos e sentimentos que regem os desejos inconscientes da Cidinha, entendendo que questões inconscientes possam influenciar ou gerar sintomas atuais.

O inconsciente é a fonte de energias, desejos reprimidos e depósito de velhas lembranças. Nesse momento, o analista de Cidinha, tem o papel de ajudá-la a relembrar, recuperar e reintegrar materiais inconscientes de forma que a vida atual seja mais satisfatória, mais harmônica consigo mesma!

A terapia Psicanalítica veio para uma grande mudança na vida da Maquiadora!

Cidinha segue na terapia. Ela vai percebendo que a criança depende dela, mas a sua resistência é forte. Vai uma vez por semana conversar com o psicanalista, os nós vão se desdobrando, as resistências encontrando suas origens e o entendimento vem em doses "homeopáticas" para o auto-entendimento de sua condição na vida.

Além da palestra, Cidinha começa a fazer outras atividades, a terapia aos poucos vai dando certo e ela começa a interagir com mundo a sua volta. Começa a participar de outras atividades na ONG, no mesmo lugar onde ela faz as sessões de análises.

Os sofrimentos da Cidinha eram advindos de seu peso, desde criança, como ela falou para seu analista. A frase que demonstra isso em sua análise foi:

— Nunca conheci uma versão magra de mim!

Essa frase trouxe para a vida de Cidinha as inseguranças, os medos, e a sensação de sempre estar sendo injustiçada. Ela não sabia dizer o motivo. Mas sentia que era injustiçada. Em sua terapia psicanalítica, ela entendeu que essa sensação de injustiça era devido ao seu peso, e pelo que ela passava, na escola, com seus amigos, com seus amores platônicos que nunca se concretizavam, ela percebia que teve amores na adolescência e paixões infantis que nunca foram correspondidas. Cidinha descobriu na terapia que ela imaginava estar em um romance com alguns garotos. Idealizava conversas e até brigas de ciúmes com seus namorados "imaginários". Na escola, ela nunca teve problemas com notas, mas sentia uma dificuldade enorme de ter amigas. Sentia cobrança de todos os lados para ser magra, para perder peso. Conselhos? Ahhhh, os conselhos que ela recebia eram muitos. As dicas, por exemplo, para emagrecer também eram muitas e vindas das amigas, das redes sociais, da televisão, dos jornais, das revistas... Se sentia bombardeada, e com tudo isso pelo que passava diariamente, acreditou e aceitou que o "problema" estava com ela, que ela não emagrecia por que era cara de pau, que não tinha "força" de vontade. As cobranças eram muitas para que ela se tornasse o "modelo de beleza" impostos pela sociedade.

Em uma das sessões de terapia, perguntou para seu analista:

— Doutor, por que eu achei que eu era a culpada, por tudo que estava acontecendo, sofrendo?

— Cidinha, diga-me você: por qual motivo você se culpou pelo que as pessoas lhe diziam ou te cobravam?

— Eu vejo agora que eu não tinha culpa de nada, doutor, eu era vítima!

– O que você fará com essa descoberta, Cidinha? A sessão de terapia acaba e Cidinha volta para as suas atividades com a pergunta do terapeuta.

Na semana seguinte, Cidinha volta ao consultório e encontra seu terapeuta na ONG. A pergunta que o seu terapeuta fez na semana passada ficou rodando na cabeça dela. Foi logo falando, sem nem cumprimentar o seu analista, tamanha era a necessidade de compartilhar com ele o que estava lhe afligindo.

–- Doutor, minha experiência com obesidade infantil é isso. Quero começar nossa sessão de hoje falando sobre minha experiência com a obesidade infantil dizendo primeiro duas coisas. A primeira é que considero hoje que fui uma alienada! Veja, eu fui extremamente cega por não entender que o que eu recebia dos meus colegas era bullying.

O assédio extremo devido ao meu peso, eu achava que era brincadeira, e sendo brincadeira eu era amada, querida e popular. Não conseguia entender que outras pessoas em situações semelhantes às minhas experimentaram a mesma coisa. Por isso, procurava, de uma forma que nem sei explicar, fazer amizade com alguns estudantes que eram gordinhos ou gordinhas, e também com professores e funcionários gordinhos. A segunda coisa é que nunca compartilhei minhas experiências e sentimentos pessoais sobre como foi crescer acima do peso com ninguém! Por isso, entendi durante a semana passada, que tudo que eu passei na minha vida afetou de alguma forma a maneira de ver a vida e as pessoas! Alguns bons e alguns, bem, não tão bons.

Eu tinha medo de machucar as pessoas que me ofendiam por causa do meu peso. O que eu pensava, doutor, era que se eu fizesse alguma coisa, eles deixariam de falar comigo. Entende? Ter sido uma criança com excesso de peso me machucava na época e às vezes me machuca hoje . Aliás, isso sempre aconteceu. Mas eu que não me dava conta do motivo do porquê me sentia injustiçada! Pelo o que me lembro, eu era pesada. Passei toda minha vida com excesso de peso! Você sabe o que é isso, doutor? E me lembro mais ainda: meu peso nunca foi um assunto muito discutido pela minha família. Assim, havia uma comentário ou outro, vindo da minha mãe. Mas nada que nos debruçássemos para falar sobre. Na verdade, raramente era mencionado diretamente para mim. Conheço algumas pessoas que deixam seus filhos incrivelmente cientes de que estão acima do peso. Constantemente conversando com eles sobre isso, contando calorias, escondendo lanches, sabe, essas coisas? Os meus bolinhos de xícaras, que minha mãe fazia. Eu amo esses bolinhos.

Vou te trazer alguns na próxima sessão. Você vai viciar neles! Voltando paro o que eu estava falando.... Não sou especialista, mas eu acho hoje que os bolinhos contribuíam para que eu não percebesse o que estava acontecendo comigo. Hoje também percebo que eu usava o bolinho de xícara para "comprar" amigas e tentar conquistar alguns crushs do colégio. Não tenho certeza do que teria sido pior, ter meu corpo sendo excessivamente analisado pela minha família ou eles evitando isso como fizeram. Não sei como teria sido o primeiro cenário, mas sei disso, porque era uma ocasião de vez em quando, doía muito quando era mencionado. Olha, doutor, é normal isso? Não, não é? Percebi desde a semana passada que não tenho fotos com mais de 5 ou 6 anos de idade. Eu não tenho nenhuma lembrança da minha infância. Eu só lembro que sempre fui assim, gordinha! As fotos que eu tenho são mais recentes, com minha prima, meus pais, com o Alexandre, os parentes dele, e das lives e fãs que eu tenho nas minhas redes. Mas antes, não! A primeira vez que me percebi gordinha foi por causa da minha avó. Eu acho que tinha em torno de uns 9 ou 10 anos. Lembro-me dela me levando numa farmácia e me mandou subir na balança. Por um período, ela tentou me encorajar a perder peso, oferecendo dinheiro como incentivo. Eu gostava daquilo. Lembro-me de que havia uma quantidade predeterminada de peso que eu deveria perder para receber a recompensa do "din-din" na próxima vez que pesasse na farmácia com ela. Bem, pelo que podemos notar hoje, não funcionou a estratégia da minha vó, não é!? Esse momento com minha vó, na farmácia, foi a primeira vez que me senti envergonhada de mim mesma. Senti que eu precisava mudar. Com esse sentimento de vergonha, bloqueei as coisas que sentia e achava que todo mundo me amava. Isso era um trauma, e eu não percebia! Olhe, doutor, não pense que não amo minha vó. Amo sim. Sei que ela fazia aquilo porque me amava e talvez porque percebesse o que eu sofria. Ela tinha boas intenções. Eu não culpo minha avó por ter feito isso. Eu entendo que ela estava apenas tentando fazer o que era melhor para mim à única maneira que ela conhecia na época. Agora, sendo adulta, não tenho certeza se saberia o que fazer se estivesse no lugar dela. Mas sei que sua intenção nunca foi fazer nada que pudesse prejudicar minha autoestima de menina.

Cidinha entrou no consultório disparando-se a falar e sem dar espaço para o terapeuta, falar também. Ele, por sua vez, deixou Cidinha totalmente à vontade para falar o quanto ela quisesse. Só no primeiro intervalo que ela deu em sua fala que o analista respondeu:

– Bom dia, Cidinha! Parece que na semana que passou houve muita produtividade em seus pensamentos e lembranças, não é mesmo!?

– Ai, doutor, meu Deus.... Eu fiquei tagarelando e nem te dei bom dia. Que mal educada sou eu, me desculpe! Agora sim, vamos lá: bom dia, doutor! – continuou - Quer saber o que eu penso doutor? Embora eu seja gorda, não desejo essa condição para nenhuma outra criança, adolescente ou adulto. Eu sou quem sou hoje por causa de ser gorda! As pessoas só me olham como gorda! Eu sei o que é ser tratado com a sensação injustiça o tempo todo. Quando estava fazendo minhas lives, tinha consciência de como minhas palavras impactaram as pessoas. Fui alvo de palavras cruéis ditas por outras pessoas por ser gorda! Mas encontrava humor em quase todas as situações e raramente levo as coisas para o lado pessoal, porque, se eu levar em conta, eu vou me machucar! Sei que vou! Toda essa experiência me fez enxergar e a formar a pessoa que aprendi a amar hoje. Eu sempre me amei. Mas em alguns momentos, as pessoas me diziam que eu não poderia nem me amar, que eu me amaria se tivesse outro corpo. Tiravam de mim esse direito. Mas, como eu "ignorava" tudo isso, me enganando que era amada e popular. Quem eu posso culpar, pela sensação de injustiça que sempre senti, mesmo ignorando tudo o que vi e vivi? Não sei a quem apontar o dedo e a quem culpar pelo aumento do meu peso. Eu? As pessoas? A TV e suas propagandas de pessoas alegres, jovens e saradas? Os jornais e revistas que veiculam mirabolantes e fantásticas reportagens sobre o tema de dietas para emagrecer? Não tenho todas as respostas sobre como resolver essas questões com a sociedade sobre ser gordo, ser obeso. O que sei, doutor, é que nós podemos ser mais gentis e compreensivos com as crianças gordinhas, pois isso machuca e a gente leva pro resto da vida. Eu acho que deveria ter uma lei que obrigasse os pais a ensinar os filhos a ser mais amável, mais compreensivo com outras crianças são diferentes do que elas. Acho eu, que todo o problema está lá na minha infância. Veja só, tive problemas de autoestima, me enganava que era amada, querida e popular, comprava as pessoas com meus bolinhos, só para ter amigos. Beijei na boca de muitos caras, que nunca quiseram namorar comigo... Tive até problemas na minha gravidez por causa do meu peso. Mas tive a felicidade de ter encontrado um homem que me amava do jeito que eu era. Nunca me cobrou nada, Mas me orientava sobre saúde. E me deu um filho! E isso fez com que eu pensasse essa semana tudo! E eu vi o que eu quero! Depois da pergunta que você me fez na semana passada, o que eu faria com a informação que iria adquirir. Pensei, pensei e pensei.... Não foi difícil, foi fácil, mas tinha muita coisa para pensar e cheguei a uma decisão, por mim, por meu filho por Alexandre, o amor da vida! Quero emagrecer!

Cidinha encerra sua fala na sessão psicanalítica aos prantos, levando as duas mãos ao rosto! Ficou assim por alguns segundos, e, na sequência, erguendo a cabeça, limpando as lágrimas com as mãos na parte inferior dos olhos. Cidinha se despede do seu terapeuta ainda com a voz embargada e soluçando:

— Até a próxima semana doutor!

Durante suas sessões de terapia, Cidinha começa a falar sobre seu filho. Para ela, era algo muito sofrido falar do Júnior, pois ela se afastou dele, não querendo amamentá-lo, quando foi diagnosticada com depressão pós-parto. Cidinha tinha sentimento de tristeza profunda, teve mudança no apetite, desânimo durante o dia, além de sonolência. Tentou esconder esse sentimento, pois não queria falar sobre.

O que motivou o desenvolvimento da depressão pós-parto na maquiadora, entre outros fatores, foram os problemas na gravidez pelos quais ela passou, por causa de complicações na saúde, com perspectivas emocionais sujeitas ao sofrimento; Além disso, tinha medo de se tornar mãe com o aumento da responsabilidade provocada pela morte de Alexandre.

A terapia vem ajudando Cidinha a elaborar o seu luto, que está sendo lento e doloroso. A sua característica principal foi a tristeza profunda, que a fez se afastar de toda e qualquer atividade que estivesse ligadas a pensamentos sobre o Alexandre. Com calma e lentamente ela está conseguindo ressignificar e aceitar o que ocorreu com seu noivo, dando o primeiro passo para se aproximar do filho.

Alexandre Júnior, seu filho, já estava andando. Certa tarde de domingo, dona Elza, estava na sala com ele no colo e assistindo um desenho animado. Quando Cidinha entra na sala, vindo da cozinha tomando um suco de limão para se refrescar do calor que fazia, ele falou pela primeira vez "Tidinha"! Ergueu os braços em direção da mãe com tamanha alegria que ele sorria com todo o corpo, inclusive com as perninhas balançando no colo da sua vó!

A primeira palavra que saiu da boca de Alexandre Júnior deixou dona Elza feliz e surpresa! Cidinha, por sua vez, ficou paralisada em choque. Imediatamente começou a chorar e dona Elza levantou e foi em direção da filha para entregar o neto nos braços da mãe, Júnior, que continuava com os braços estendidos, sorria e sacudia as perninhas.

Pela primeira vez, Cidinha recebe seu filho no colo. Ela continuava chorando e dona Elza, com medo que ela não segurasse o neto direito e ele caísse, também abraçou.

Para Júnior, ser "amassado" entre a mãe e avó era uma brincadeira gostosa, mas para as duas eram emoções distintas: para dona Elza, o motivo de suas lágrimas era de felicidade, por sua filha ter recebido nos braços o próprio filho pela primeira vez; para Cidinha, a sensação foi de alegria pela ingenuidade de uma criança que foi rejeitada por ela lhe dar tanto amor e sua primeira palavra a ser proferida foi o seu nome, "Tidinha"! Ela desabou a chorar! O quadro era emblemático, dona Elza e Cidinha se abraçando e chorando, e Alexandre Júnior, sorrindo, às gar-ga-lha-das, daquelas que contagiam de tão gostosas de ouvir e que só as crianças sabem dar.

Esse acontecido movimentou algumas sessões na terapia. Cidinha já conseguia alimentar seu filho, já o colocava no colo, já fazia cócegas nele e sorriam juntos... Cidinha já conseguia fazer curtos passeios com seu filho, só os dois. Os laços foram se estreitando entre eles, ou melhor, Cidinha já estava se alinhado e se conectando com as necessidades do pequeno Júnior, se conectando, com os choros de fome, de sono, de birra, de dor e sofrimento quando brigavam com ele. Nesse período, o pequenino já estava com um ano de idade.

Um próximo passo da terapia foi que ela estava insegura para voltar a fazer suas lives.

– Doutor, eu estou me sentindo bem em brincar com o Aleziinho. Como eu pude ter abandonado meu filho, alguém que não teve culpa de nada, e eu o puni! Como pude ser tão cruel? Gosto de estar com ele o tempo todo. Quero dar o banho, dar a comida, trocar a roupa, quero estar com ele 25 horas por dia, se isso fosse possível. Outro dia, doutor, fiz uma live com ele no colo, gente do céu... Ele não me deixava trabalhar, bagunçou a live do começo ao fim, tomou o batom que eu estava ensinado as meninas como usar para deixar os lábios mais carnudos... Tomou de mim e começou a passar no rosto dele... Olhe, ficou uma bagunça... Aí eu tomava da mão dele, ele vinha e tomava da minha mão... E ficamos nessa guerra a live toda... Acontece que esse movimento de bagunça na live foi muito bom por dois motivos: gostei de estar com ele e de ter voltado a falar com minhas seguidoras, que amaram o Alezinho!

Cidinha chamava seu filho de Alezinho, era a maneira de deixar o seu grande amor sempre vivo, e era o elo de conexão com seu filho.

Voltou a sorrir como todos a conheciam: uma pessoa alegre! O fato é que a aproximação com o filho fez com que a pulsão de vida dela fosse "aflorada"! Ela começou a se amar e fazer suas lives, com tempos reduzidos agora por conta da atenção que ela quer dedicar ao seu filho. As lives eram programadas e poucas. Essa estratégia fez a maquiadora mãe do Alezinho, ganhar mais likes nas suas lives.

– Oi, doutor, me desculpe chegar atrasada, é que hoje decidi fazer uma caminhada, e aí me distraí ouvindo música, "pagodejo". Quando me dei conta, havia percorrido 5 km. Daí tinha que retornar, tomei um banho rápido e estou aqui agora. Sabe, hoje eu acordei com uma vontade de caminhar novamente. Parecia até que meu corpo estava pedindo. O engraçado, doutor, é que eu acordei disposta, diferente dos outros dias, nos quais eu acordava cansada!

Em terapia, Cidinha comunica ao seu analista que voltaria a fazer todos os dias uma caminhada como fazia com Alexandre. Esse comunicado soa para ele, como um pedido de apoio.

– Hoje foi o primeiro dia, eu gostei. Quero ver se consigo fazer todos os dias ou pelo menos três vezes por semana, pelo menos uma hora de caminhada.

Nos dias que seguiram, Cidinha conseguiu estipular a caminhada 3 vezes por semana e em finais de semana alternados. Ela conta para seu analista que as atividades de caminhadas estão fazendo com que ela respirasse melhor, pensasse melhor e durante o dia não se sentia cansada. De fato, quando fazemos atividades físicas, oxigenamos melhor o cérebro e temos melhores resultados no que nos propomos a fazer.

Uma das coisas que estava presente nas atitudes atuais de Cidinha era a vontade de querer aprender. Isso ficou visível quando ela começou por fazer terapia para se conhecer. A vontade por conhecer estava muito evidente. A maquiadora estava sentindo a necessidade de conhecer, de mudar, para ser uma mãe e dar uma educação boa para seu filho.

Na terapia, Cidinha começou a se entender no papel de mãe. Ela queria saber como ser uma mãe zelosa...

– Doutor, quero fazer do meu filho um homem de verdade! Um homem decente. Um homem que sabe amar, respeitar e encantar uma mulher, como o pai dele foi. Alexandre, foi um homem muito decente: Trabalhador, Estudioso, bom filho, bom genro, bom namorado e noivo; quer saber: seria uma ótimo marido e um excelente pai! É isso que eu vou ser para o meu filho. Quero viver para ele. E, para fazer isso, eu preciso estar preparada! Tenho que fazer cursos e me entender, como estou me entendo aqui: qual é o meu papel na vida, na minha vida e na vida do meu filho, na vida da minha mãe que me ajuda muito! Já estou com foco em emagrecer, mas quero emagrecer com conhecimento, para ser exemplo para meu filho e para outras pessoas. Então, vou aprender como emagrecer com qualidade de vida, com conhecimento, quero aprender a emagrecer naturalmente!

A terapia, realmente está fazendo muito bem para a mãe do "Alezinho", que já entende o seu lugar na vida dele. E, mais ainda, ela entendeu qual é o papel dele na vida dela. Cidinha estava se encontrando na terapia, estava compreendendo quem ela era.

Em outra sessão, ela chegou com uma questão de identidade! Queria mudar...

– Doutor, quero conversar com o senhor, sobre uma decisão que tomei: não quero mais me apresentar como Cidinha. Vou me apresentar a partir de hoje como: A-PA-RE–CI-DA! É, vou me chamar Aparecida. Cidinha vai ficar no passado. Vou usar o nome que meus pais me deram!

– Certo, por que você quer mudar a forma de ser chamada de Cidinha para Aparecida? O que lhe motivou a tomar essa decisão?

O Terapeuta faz essas intervenções para alinhar e entender o que motivou sua paciente a tomar tal decisão sobre essa possível crise de identidade. A construção da identidade da pessoa humana, passa por uma questão ontológica, psicológica, genética, sexual, relacional e social.

O ser humano é complexo. O termo "identidade" se refere à totalidade da pessoa e integra os componentes biológicos, psicológicos e sociais.

A identidade da pessoa humana não é estática, ela evolui de acordo com as modificações que esse mesmo ser humano vivencia, desde seu nascimento a sua vida adulta, confluindo para uma identidade integrada. A falta de integração de todas as partes causa um "eu" desconfortável e desconectado de si mesmo!

– É assim, doutor, eu não quero mudar minha personalidade, eu quero adequá-la ao novo momento a que me encontro. Eu venho passando por uma transformação de me entender, de saber quem sou. Toda a minha vida eu vivia para agradar as pessoas, principalmente que se refere ao meu peso e as dores que tive por sempre ser gordinha. Como lhe disse em outra sessão, eu nunca conheci uma versão menos cheinha de mim. Eu sofria preconceito de todos os lados, menos na mina casa! Mas, de todos os lados. Eu fechava os olhos para as agressões verbais, que sofria por estar a cima do peso; as piadas, eram certeiras, sempre tinha alguém que tinha na ponta da língua uma piada sobre gordas. A maneira como as pessoas me chamam, Cidinha, eu gostava por que era melhor do que ser chamada de "Cidona", ou algo parecido em referência ao meu tamanho. Alexandre me ensinou sem saber que qualquer pessoa pode ser amada pelo que ela realmente é, independente da sua aparência. Minha mãe e meu pai sempre me chamaram de Cidinha. Meu pai me chamava de "minha princesa", eu também adorava isso. Eu sentia muito amor em casa quando eu era chamada de Cidinha. Acho que acabei estendendo esse "amor" para todas as pessoas que me chamavam de Cidinha. Hoje, doutor, eu percebo que não estava sendo eu mesma. Eu estava me enganado que era amada. Uma vez, Alexandre me chamou de Aparecida, tive uma sensação diferente. Não me reconheci. Não me senti amada sendo chamada por ele de Aparecida. Hoje, eu compreendo que ele me amava in-te-gral-men-te, que ele me queria e me enxergava por completo, tudo em mim. Veja, o único homem que me amou como eu era, e como eu sou, me chamou pelo meu nome, Aparecida, e não pelo meu, pseudônimo, pelo meu apelido, Cidinha. Mas, como eu o repreendi, pois não reconheci na maneira que ele me chamou "amor", prontamente, ele não repetiu. Nunca mais ouvi meu amado me chamar de Aparecida. Isso tudo me fez pensar e entender nesse tempo que o fato de ser gorda, de gostar dos bolinhos de xícara, de me maquiar e ajudar as pessoas a ficarem mais bonitas, de ter a complicação com minha gravidez, da morte do Alexandre, da morte do meu pai por complicações de saúde com a diabetes e meu filho... Ahhhh, meu filho, eu o "encontrei". Ele estava perto de mim, e eu não o via, mas agora o vejo e quero cuidar dele! Mas quero cuidar dele integralmente, sendo eu mesma. Eu, APARECIDA! Na verdade, sabe, não quero mudar minha personalidade, quero colocar ela para fora! Mas como eu estou nesse processo de mudança, quero ser chamada pelo meu nome de batismo. Quero aparecer para as outras pessoas, só como eu mesma! Como APARECIDA!

A maquiadora e mãe do Alexandre Jr, agora começa a se apresentar onde chega e passa como Aparecida. Começou a planejar o que faria. Mas ela queria aprender, adquirir conhecimento. Queria voltar a estudar, mas não queria voltar para o ensino regular. Começou a conversar com dona Elza, quando elas cogitaram a sugestão do Alexandre, de fazer um curso de cabeleireira. Isso agradou Aparecida. Decidiu então no dia seguinte ir à ONG para saber de valores, períodos, tempo do curso.

O curso era de qualificação profissional e se chamava "Estética de Imagem Pessoal". Nesse curso, além dos estudos dos cortes de cabelo, penteados, tinturas etc. Havia também o diferencial que era a harmonização facial para cada cliente. Aparecida e os outros alunos, com esse curso, poderiam oferecer aos seus clientes um serviço específico. O curso durava 8 meses, no período da noite. No mesmo dia, Aparecida fez sua matrícula e o início seria na semana seguinte, se houvesse número suficiente de alunos matriculados para fazer o curso. Cidinha foi fazer a matrícula com o filho junto. Sua mãe estava lá no clube de mães.

Foi quando ela pensou em esperar a mãe para irem juntas para casa. Um dos diretores da ONG brincou com o garoto de Aparecida.

— Olha lá, como ele está grande, eles crescem rápido, não é? Lembro dele aqui no colo de sua mãe, era pequenininhoooo, olha aí, ele já está andando? E me diga, já está falando?

— Sim, sim, já está andando e falando... A primeira palavra que ele disse foi "Tidinha", já pensou? Eu fiquei tão feliz!

— Que legal, ele tem cara de ser espertinho. Comigo foi a mesma coisa, meu filho também vivia grudado em mim, chorava quando eu saía, mas, na hora de falar a primeira palavrinha, falou mamãe! Eu fiquei tão triste - riu ao dizer isso - mas todo mundo achava que ele iria falar o nome do pai, ele vivia grudado em mim! Mas assim, mistériossss! Mas me diga: já está indo embora?

— Não, não. Vou encontrar com minha mãe lá no clube de mães"

— Dona Elza está aqui?

— Sim, estou indo para lá, você quer dar um alô para ela?

— Quero sim, mas antes preciso ir lá na secretaria para ver o calendário das palestras da semana sobre distúrbios do sono, que vai de amanhã até sábado.

— Distúrbios do sono?

— Sim, a gente vai fazer três dias de palestras sobre a qualidade do sono e sobre como dormir bem! Um especialista em Medicina do Sono, amigo nosso, propôs esse ciclo de palestras e nós adoramos!"

— Nossa, eu quero! Como faz para se inscrever? Tem que pagar alguma coisa?

— Não, é grátis, vamos lá na secretaria? E você já faz a sua inscrição. Então, Aparecida, amanhã vai falar sobre insônia, depois de amanhã vai falar sobre ronco e apneia e no sábado vão falar sobre dicas para dormir bem!

– Ahhh, quero me inscrever nesse aqui, sobre ronco e apneia.

– Essa palestra quem vai dar é meu amigo que te falei, os outros dias, são duas estagiárias da clínica dele. Todas as palestras são gratuitas.

– Que bom! Já estou inscrita! Nossa, vim fazer uma inscrição e saí daqui com duas.

– É?

– É, me inscrevi no curso de Estética de Imagem Pessoal.

– Ah... Um curso bom, são 8 meses. Os professores todos são bem qualificados, são esteticistas, visagistas e dermatologistas. Muito bom o curso. Você vai gostar!

– Sim, já estou gostando, mas depois de amanhã venho na palestra sobre ronco e apneia do sono. Vamos lá ver minha mãe?

– Vamos sim! Quero ver dona Elza, porque faz tempo que não a vejo.

O dia da palestra chegou com o tema ronco e apneia do sono. Aparecida chega com quinze minutos antes de começar a palestra, para pegar um lugar mais perto do palestrante. Levou caderno e caneta para anotar tudo! Também estava com o celular iria gravar a palestra, mas, preferiu não "pagar esse mico". Ficou atenta a tudo que o palestrante falava.

– Boa noite a todos e a todas, sejam bem vindos! Hoje vou falar um pouco sobre a apneia do sono e os impactos na nossa qualidade de vida. Nossa qualidade de vida tem a ver com a nossa qualidade do sono. Se não dormirmos bem, não teremos uma boa qualidade de vida. Uma noite mal dormida pode causar irritação, problemas de memória, reprovação na escola e na faculdade, problemas nos relacionamentos, disfunção endócrinas, problemas no coração, problemas no trabalho, acidentes no trânsito, aumento de risco de doenças, pois diminui as nossas defesas, nossas imunidades, além de problemas sexuais, tanto masculino quanto feminino. A apneia noturna ocorre quando as vias aéreas superiores (nariz, laringe, faringe e traquéia) ficam obstruídas. Com isso, a passagem de ar é dificultada, provocando paradas respiratórias. A apneia obstrutiva do sono aumenta muito o risco de hipertensão, diabetes, depressão, doença arterial coronariana e de morte, por infarto ou derrame. Ainda existem estudos que associam a falta de sono reparador à dificuldade para perder peso e até maior risco de demências. Estudos indicam que em torno de 33% a 35% da população brasileira sofre desse mal. Acontece muito em adultos, especialmente após os 65 anos de idade. Obesidade também é um dos fatores que causam esse distúrbio do sono...

A Palestra segue e Aparecida fica encantada com tanta informação e vai anotando tudo que ela pode. Uma coisa que chamou a atenção da maquiadora foi quando o palestrante fez referência que dormir mal seria um fator de obesidade! Logo, ela concluiu que se ela dormir bem poderia ter alguns resultados de equilíbrio no seu peso! Ao fim da palestra, a luz acendeu!

Aparecida gostou tanto da palestra que também queria voltar para a última palestra, e acabou deixando o nome dela e da mãe na lista de espera para o tema sobre dicas de como dormir bem! Ao chegar em casa, comentou com foi a palestra com dona Elza.

– Mãe, olha foi muito bom! Sabe o que eu "percebi"? Que a qualidade de sono pode ajudar as pessoas a emagrecer. O especialista em sono, disse que a gente emagrace em torno de 700 gramas por noite bem dormida. Mãe, sabia que diabetes, doenças de coração, até desejo sexual, tem a ver com a qualidade do sono? Eu fiquei surpresa com tanta informação e como o sono pode influenciar na nossa vida! E tem uma coisa relativa com a memória, que a gente só aprende se dormir e sonhar!

– Nossa, filha, que coisa interessante! Eu nunca ouvi falar sobre essas coisas. Agora será que a doença do seu pai teve a ver com as noites que ele não dormia? Ou será que as horas que ele ia comer de madrugada isso também atrapalha no sono?

– Mãe, não sei. O palestrante falou tanta coisa! Eu anotei o que deu para anotar. Mas deve ter alguma coisa a ver, pois ele falou que quando a gente não dorme, podemos desenvolver doenças. Amanhã, tem o último dia do ciclo de palestras, e eles vão falar como as pessoas podem dormir bem! Eu coloquei seu nome na lista de espera, tá? Vamos juntas, então?

– Ah, tá, filha, vamos sim! Aliás, falando em dormir, está na hora já de dormir, não é? Se não quem vai acordar é o Junior, e você já sabe o tempo que ele vai durar para voltar a dormir novamente...

– Tá certo mãe, boa noite! A palestra do sábado teve como foco dois temas: higiene do sono e diário do sono. O palestrante inicia sua fala com a plena atenção de Aparecida, Dona Elza e do Alezinho, que não poderia ficar sozinho em casa.

– Dormir bem é essencial para o ser humano, pois a quantidade e a qualidade do sono são fundamentais para manter uma condição de vida saudável, biológica, psicológica, social e até espiritualmente. Como 1/3 de nossa vida é dado às horas de sono, se dormirmos bem, estamos promovendo essa qualidade de vida e perpetuando a saúde.

As conseqüências de uma noite de sono sem qualidade e quantidade adequadas são fadiga, cansaço, tensão, diminuição do rendimento intelectual, depressão, ansiedade e sonolência durante o dia. Além disso, também causam de dores musculares e irritabilidade. Vocês sabem por que fazemos higiene diária? Vamos lá: a palavra vem do francês, hygiène. O termo higiene diz respeito à limpeza e ao asseio, seja do corpo, do lar ou dos locais públicos. Pode-se fazer a distinção entre a higiene pessoal ou privada, cuja responsabilidade compete ao próprio indivíduo, e a higiene pública, que deve ser assegurada pelo Estado. A higiene está relacionada ao ramo da medicina que se dedica à preservação da saúde e à prevenção das doenças, por exemplo, lavar as mãos com água em abundância e sabão antes de comer. Esse hábito de higiene é imprescindível para evitar doenças. Do mesmo jeito, precisamos fazer a higiene do nosso cérebro, pois nem tudo que temos em nosso pensamento é saudável Então, a higiene do cérebro é feita quando dormimos. Portanto, a higiene do cérebro através da higiene do sono está ligada diretamente à higiene do corpo. No nosso dia a dia, por exemplo, quando tomamos banho, trocamos de roupa. O trocar de roupa indica que devemos usar uma roupa mais limpa. Quando alguém não exerce esse cuidado, desencadeia um distúrbio de higiene pessoal. E não deveria ser diferente com o momento de dormir. A higiene do sono é muito importante, pois, se não a tivermos bem estabelecida, nós não teremos um sono reparador. Por exemplo: você dormiria numa cama suja? Lençóis sujos? Ou em quarto sujo, com poeira? Ou ainda: fedidos? É indispensável que seja feita a manutenção da limpeza no ambiente de dormir, na roupa dormir, na cor do quarto, no que comemos e bebemos antes de dormir, do barulho no local de dormir, do excesso de luz no ambiente de dormir, no que fazemos na cama, antes de dormir. Tudo isso pode influenciar na nossa qualidade de vida!

A maquiadora, sua mãe e todos os participantes da palestra, ficam muito atentos a tudo que o especialista em medicina do sono, estava falando. Eles estavam tão vidrados no conteúdo que nem "piscavam" os olhos.

Em um determinado momento, o palestrante distribui para os participantes uma lista do que significa Higiene do Sono.

— Bem, gente, vocês estão recebendo agora uma lista com dicas para uma boa higiene do sono. Pratiquem e vocês perceberão que sua qualidade do sono e sua qualidade de vida vão continuar. Leiam com atenção!

Neste papel, as informações diziam:

- Defina todos os dias uma hora para dormir e uma hora para acordar, até mesmo nos finais de semana.
- Evite comer alimentos pesados por no mínimo duas horas antes de dormir. Escolha comidas leves e de fácil e rápida digestão.
- Atividades físicas devem ser feitas até o início da noite, pois elas fazem com que o nosso organismo fique acelerado.
- Evite bebida alcoólica, pois ela dá a falsa sensação de relaxamento.
- Evite fumar! O fumo, além de outras complicações ao organismo, também promove uma falsa sensação de relaxamento.
- Evite bebidas à base de cafeína (café, chá preto, mate ou verde, coca, chocolate, guaraná, energéticos). Se você tem o hábito e o gosto de tomar essas bebidas, prefira degustá-las durante o dia.
- Não leve problemas para a cama. Prefira fazer uma lista de coisas que você tem que fazer no próximo dia.
- Deve ser retirado do quarto a TV, computador, tablets, smartphones, ou seja, aparelhos eletrônicos em geral, pois as luzes que esses aparelhos emitem são responsáveis por inibir a substância chamada melatonina, responsável por manter o sono.
- O ambiente para dormir deve estar escuro, calmo, bem ventilado e com uma temperatura agradável durante a noite.
- O quarto deve ser livre de barulhos. Caso isso não seja possível, o uso de tampões de ouvido pode ser útil.
- Observe no seu colchão a data de validade e o material que ele é feito, bem como verificar se o seu travesseiro está adequado para um sono de qualidade.
- Crie o hábito de fazer uma rotina para dormir, pois o cérebro aprende que está chegando a hora de pegar no sono. Alguns exemplos disso são banho morno, leitura, leite morno, colocar um pijama, pantufas.
- A cama é o lugar para dormir. Não fique na cama caso não esteja conseguindo dormir ou voltar a dormir. Levante-se e faça algo que já percebeu, através de experiências anteriores, que o faz relaxar e ter sono de novo. Só então volte para a cama, pois,se você não sair da cama, o cérebro entende que você pode ficar na cama sem ter sono.
- Evite levantar durante a noite para ir ao banheiro, para fumar e para comer. Faça tudo isso antes de ir para cama, ao menos duas horas antes de dormir.

- Crie o hábito de fazer atividades físicas, sempre sob a orientação de um profissional da Educação Física, para te ajudar a oxigenar melhor. Você pode praticar atividades como exercícios, caminhada, natação, bicicleta etc., de maneira regular, todos os dias ou pelo menos 3 vezes por semana, por no mínimo 30min. É aconselhável terminá-los pelo menos 4 horas antes de ir dormir. Faça alongamento antes e após os exercícios e antes de dormir.
- Após levantar-se pela manhã, exponha-se à luz, de preferência, solar, por pelo menos 30 minutos. Se for ao sol em horários de risco, lembre-se do protetor solar.
- Após o almoço, se você puder, tire um "cochilinho". Ele ajuda a estabelecer o horário de dormir à noite.

Outro assunto que o palestrante pronunciou foi sobre a leptina e grelina. Aparecida se lembrou dessas duas palavras e ficou curiosa para aprender mais sobre elas e sobre ronco, pois ela tinha ronco e possivelmente apneia. Ela acabou fazendo uma relação entre obesidade, leptina, grelina ronco, apneia e sono. Tudo estava interligado na cabeça da mãe de Alexandre Junior. Outra luz acendeu!

Antes de dar um intervalo, de 15 minutos para tomar um café e esticar as pernas, o palestrante terminou o primeiro momento explicando sobre as duas substâncias e a sua relação com o ganho do peso por causa das noites mal dormidas.

– Algumas substâncias são liberadas durante a noite e outras só durante o dia, na presença de luz. O cortisol é a substância liberada na presença de luz, durante o dia. Logo, enquanto tem sol, a substância é liberada. Na ausência de luz, durante a noite, a melatonina é liberada! Essas duas substâncias, tem funções muito importantes na nossa qualidade de vida. O cortisol nos da energia disposição para enfrentar as atividades do dia, enquanto à noite a melatonina, entre outras funções, geram o nosso momento de dormir. Quando ela é liberada, nós começamos a ficar com sono. Quando essas substâncias estão desreguladas, promovem distúrbios do sono, por exemplo, quando os níveis de cortisol estão altos durante a noite, há dificuldade de dormir, e quando há privação de sono, a melatonina fica em níveis altos durante o dia. Isso pode causar sonolência excessiva diurna. A leptina e a grelina são substâncias que ajudam no controle da gordura corporal e precisam estar sempre em equilíbrio no organismo. São basicamente hormônios produzidos por células armazenadoras de gordura que cumprem função importante no controle da composição de gordura do corpo. Agora, minha gente, o papel da leptina é de saciar a nossa vontade de comer. Já a grelina aumenta a nossa vontade de querer comer. Então, os níveis de leptina durante a noite devem ser altos, pois diminuem a vontade comer. Se ao invés da leptina tivermos os níveis de grelina altos durante a noite, aumentará a vontade de comer, tanto comidas doces quanto salgadas. E não estou falando de suquinho não, ou um leitinho, estou falando de feijão com arroz, carne ou uma torta de chocolate, e não um pedacinho, mas um pedaço grande, pois as substâncias estão alteradas. Quando estamos com sono desregulado, quando não dormimos bem, quando estamos com insônia, ou privados de sono, os níveis de grelina estão altos. Então, essas desregulação do sono, promove a desregulação da vontade querendo comer mais. Isso, por consequência, aumenta também o processo de obesidade e o desenvolvimento de doenças como diabetes e hipertensão.

"O pensamento molda a realidade!" É o que se passava na mente de Aparecida. Enquanto segue o intervalo da palestra, Aparecida e sua mãe comentam muito como algumas coisas que foram faladas tinham a ver com elas e com o seu Deca, o avô do Alezinho, que teve complicações com o diabetes. A ideia de fazer a higiene do cérebro durante o sono foi algo muito impressionante para Aparecida. Ela percebeu que se pensarmos concretamente no que se quer, a realidade seria moldada, pois o pensamento é poder! O pensamento firme poderia moldar a realidade da vida dela para emagrecer e ter qualidade de vida. Estava encantada com o que estava conhecendo!

Na volta do intervalo, e partindo para a segunda parte e final, do evento, o palestrante aponta sobre uma ferramenta muito importante para o monitoramento do sono. O diário do sono!

– Esse é um instrumento que ajuda no tratamento de insônia. A insônia, gente, é a incapacidade de pegar, manter e de despertar antes do horário adequado! Se isso acontece com frequência na sua vida, é provável que você seja uma pessoa insone. Portanto, sua qualidade de vida está comprometida. O diário do sono é uma ferramenta muito importante no tratamento da insônia! Usamos o diário do sono para anotar regulamente vários aspectos das nossas noites. Anotamos aspectos quantitativos do nosso sono, como a duração, a duração do tempo deitado, o horário que deitamos, o horário em que acordamos e o número de despertares noturnos, além da qualidade e quantidade do sono, como o grau de profundidade do sono e o grau de satisfação com a noite dormida. Com o diário do sono não só descobrimos qual é o problema, como também é possível acompanhar o tratamento da insônia. Em resumo, o diário do sono nada mais é do que o registro de como foram as nossas noites dormidas.

Novamente, o palestrante distribui para os participantes, um modelo do que poderia ser um diário do sono e o que poderia ser registrado para entender como está seu sono e assim poder ser avaliado por um especialista. Os itens se referem a aspectos noturnos do sono e as repercussões da insônia durante o dia e o quanto isso impacta no bem estar do indivíduo, ou seja, o que causa no nosso dia, se dormirmos mal. Nesse segundo folheto, as informações eram mostradas da seguinte maneira:

Diário do Sono
- Horário em que deitamos para dormir;
- Tempo aproximado que levamos para dormir;
- Número de vezes que acordamos durante a noite;
- Soma do tempo que ficamos acordados durante a noite;
- Horário que acordamos;
- Horário que levantamos da cama;
- Avaliação da qualidade do sono;
- Grau de cansaço;
- Intensidade da sonolência;
- Presença de baixa de concentração mental;
- Grau de irritabilidade;
- Presença e duração de cochilos diurnos;
- Duração e intensidade de atividades físicas;
- Quantidade de ingestão de cafeína;
- Quantidade de ingestão de estimulantes;
- Uso de medicamentos para dormir;
- Uso de medicamentos para dor;
- Atividades realizadas no quarto de dormir;
- Atividades sexuais;
- Existência de mal estar;
- Presença de doença física, como resfriados ou diarreia;
- Presença e intensidade de dor;

A intenção do palestrante ao dizer isso é que, se dormirmos mal, podemos ter complicações durante o dia, e que, se isso for contínuo, é necessária uma mudança de hábitos para garantir a qualidade de vida e a prevenção de doenças, como acidente vascular encefálico, problemas do coração, pressão alta, obesidade, diabetes, alteração de humor perda da produtividade no trabalho ou notas baixas na escola ou faculdade.

O evento terminou na ONG com um sucesso enorme. Aparecida ficou encantada e com um monte de questionamentos que queria compartilhar com o seu analista. Não via a hora de chegar a próxima semana para falar de suas inquietações. Ela percebeu muitas coisas e quis compartilhar, até mesmo para se organizar. No momento, a ajuda do seu analista era essencial para ajudá-la a organizar seu pensamentos, que tinha muito a ver com seu Deca, com Alexandre, com Alezinho, consigo mesma, por tudo que ela havia passado, e seu presente acima do peso! Na mesma semana que Cidinha, Aparecida, como ela quer ser chamada agora, que começou o curso de Estética de Imagem Pessoal, também foi para a sua sessão de terapia.

— Oi, Doutor, tudo bem? Olha essa semana, teve tanta coisa acontecendo que eu precisava te falar. Comecei o curso de Estética de Imagem Pessoal. É muita coisa para estudar, só na primeira aula, nossa! Muita coisa! Anotei muita coisa. Mas estou empolgada para aprender. Por falar em aprender, estive numa palestra sobre apneia do sono, insônia, diário do sono e higiene do sono, grelina, leptina, muitos assuntos também! Mas uma coisa que eu entendi mesmo é que o sono é muito importante para a qualidade de vida das pessoas e que ajuda a emagrecer. Também entendi que é o pensamento que molda a realidade! E que, se moldarmos o pensamento, a gente molda a realidade. Que incrível! Eu quis mudar a maneira que estava sendo chamada, de Cidinha para Aparecida, mas agora eu acho que não preciso mudar a maneira como sou chamada para me entender. Cidinha foi sempre como eu me entendi, Aparecida é meu nome de batismo. Porém, eu queria saber: será que tenho algum problema de identidade?

– Bem, como as pessoas lhe chamam tem a ver com sua identidade. A integralidade do ser humano passa por se identificar com o nome e se reconhecer nele! Com quem você se identifica, melhor, com Cidinha ou com Aparecida? Quem é você?

– Nossa Doutor, que pergunta! Bem, vamos lá! Hoje sou alguém que quero me libertar; não quero ser escrava de dietas, de situações ou pessoas preconceituosas... Quero ser uma mãe zelosa e cuidadosa. Quero ser útil para as pessoas. Quero cuidar da minha mãe. Quero conhecer para não ser enganada! Quero aprender para construir. Quero entender como posso utilizar a minha mente para ser minha aliada. Sou uma mulher que conheci o amor em sua plenitude: amei e fui amada. Hoje, desse amor, tenho uma criança linda! Sou uma mulher que tem talentos. Sou bonita! Tenho pessoas que realmente me amam. Tive um pai que me considerava uma princesa! Tenho alguns seguidores nas redes que me apoiam. Tenho também as pessoa que me odeiam nas redes sociais, mas aí o que eu posso fazer? Os haters existem! Adoro comer, adoro meus bolinhos de xícaras.Adoro música, samba, Alcione e pagodejo. Hoje sou uma mulher que quero amar a vida, amar meu filho, amar minha mãe. Sou uma mulher normal. Mas também uma mulher com vontade de ser mais… Sou Aparecida. Sou Cidinha. Sou gorda! E quero perder peso! Sou eu mesma, Aparecida! Porém, mais conhecida como Cidinha. E assim vou seguir, de hoje em diante! Então, doutor, te respondo… Eu posso ser quem eu quiser, ser a Cidinha, para quem me conhece há mais tempo, desde criança, e ser a Aparecida, a mulher adulta, com um filho lindo e construindo um propósito de ser mais magra. Ou pelo menos reduzir um pouco de tamanho.

A filha de dona Elza termina sua intervenção percebendo ao fundo uma música com o som da natureza. Ela estava bem encantada por esse som que a fez perguntar ao seu analista:

— Que música é essa Doutor?

— Esse som que você está escutando são sons da natureza, é de uma coleção de CDs que tenho. Os sons são propagados em ondas e vibrações, se repetem ciclicamente, são chamados de frequência e registrados como hetz (Hz). Todo som, toda música que nós escutamos tem frequências medidas em (Hz). - o analista explicou para sua paciente - Alguns estudiosos afirmam que esse som que estamos escutando agora são considerados muito harmônicas e perfeitos; parecidos com o som do universo, porque vibram na mesma frequência. Essa frequência é de 432 Hz. Essa vibração reproduz de modo natural a música. Essa frequência se encontra em sintonia com as batidas do nosso coração e estimula no nosso cérebro a produção de serotonina, substância que ajuda a regular o humor, o sono, o apetite e ainda auxilia na cura da enxaquecas. Os estudiosos do assunto dizem ainda que músicas compostas nessa frequência possuem poderes benéficos.

—- Nossa, Doutor! Sono, cérebro, som, natureza, universo, Hz e harmonia… Que interessante!

– Bem Cidinha, voltemos para nossa análise...

– Ahh, Doutor, podemos falar mais um pouco sobre isso? Já está acabando mesmo nossa sessão, não é?

– Isso tem a ver com quem você é, Cidinha?

– Sim.

– Bem... As vibrações e as ondas sonoras das músicas podem transformar sua energia! Algumas músicas nos fazem chorar, sorrir, dançar, pular, se arrepiar, e sentir raiva... Atente-se para os benefícios da música e saiba como ela pode mudar a sua vida. As vibrações e as frequências sonoras possuem importantes poderes capazes de afetar a nossa maneira de pensar, de sentir, de existir. Pode afetar o comportamento de uma sociedade como um todo, pode afetar a nossa mente, saúde e até o mundo!

– Então, Doutor, a questão das ondas sonoras, pode me ajudar a pensar melhor sobre minhas decisões, certo?

– Você acha que pode te ajudar?

– Acho.

Depois de ter "respondido" aos questionamentos do terapeuta, Cidinha compreendeu aos poucos que muita coisa depende de como ela pensa sobre sua vida, de como ela se posiciona de acordo com suas experiências. Ser chamada de Aparecida ou Cidinha dependeria de quem e onde. A grande descoberta dela foi que o cérebro tinha algo muito importante. Uma delas era como ela dormia. Começou a praticar a higiene do sono. A primeira coisa que fez com o que aprendeu foi estabelecer um horário fixo para dormir e um horário fixo para acordar. Inclusive, inseriu dona Elza e o Alezinho nesse planejamento. Pensou: para sua mãe e ela, o teto máximo para ir dormir era à meia noite, e para acordar era às 8h da manhã. Já para o Alezinho, colocou o moleque para dormir às 20h. Como ele nessa idade a criança dorme em torno de 16 horas por dia, para ele foi "tranquilo". Um fator que ajudou a manter a adesão do Alexandre Junior foi a diminuição das luzes na casa nesse horário. Antes de ir para o curso na ONG, ela dava a janta do filho, por volta das 18h10, 18h20. Se arrumava antes disso para estar pronta, pois assim que desse a janta do filho, limparia o ambiente, lavando o que estivesse sujo, pegava seu material e saía de casa uns quinze minutos antes de iniciar a aula.

O curso de Cidinha começava às 19h e ia até as 22h30. Às vezes passava desse horário de término. O bom é que Cidinha mora a cinco minutos da ONG, na mesma calçada. Quando chegava em casa, já faltavam uns 20, 15 minutos para às 23h. Sua mãe, dona Elza, estava a esperá-la fazendo um crochê assistindo algo na televisão, que na verdade só a fazia companhia, pois dona Elza estava mesmo era concentrada no seus pontos de crochê. Estava fazendo um xale roxo de presente para uma amiga no clube de mães.

Até chegar em casa, conversar sobre a aula, comer algo e tomar um banho já dava quase meia noite. Foi com base nessa rotina que a maquiadora organizou o seu horário de dormir e acordar! Porém, no horário de acordar, não era tão fiel assim. Dona Elza, por exemplo, às 6h da manhã, já estava acordada, fazendo suas tarefas. O Alezinho, se não tivesse acordado às 3h da manhã, também era o segundo a acordar. Só ela, Cidinha, que ficaria na cama e não acordava antes da 7h da manhã. Às vezes acordava às 8h, mas o normal era que ela acordasse entre 7h e 8h da manhã. As regras da higiene do sono foram sendo incorporadas aos poucos, sempre fazendo uma semana como teste para ver se conseguia se adaptar à nova rotina e hábitos.

Nas primeiras semanas, percebeu que as mudanças não eram significativamente efetivas, pois tinha que passar por uma adaptação de hábitos. Porém, com um mês praticando diariamente, ela percebeu uma mudança... Estava mais disposta para fazer as atividades durante o dia. As caminhadas se tornaram diárias, e não mais três vezes por semana.... As mudanças com a alimentação também já faziam diferenças. O jantar, por exemplo, já não existia como antes, em muitas quantidades calóricas.

Cidinha estava seguindo à risca o que planejou e o que havia "combinado" com seu terapeuta. Estava fazendo as caminhadas, voltou a fazer as lives, cuidava do filho, disponibilizando um tempo entre uma live e outra para brincar com o filho. O curso estava sendo muito frutífero, e estava gostando.

Algo que estava bem nítido para ela perceber em si mesma era que não havia a vontade de comer comidas pesadas à noite quando chegava do curso. Ela tomava no máximo um copo de leite morno e açucarado. Desligava o celular depois de dar boa noite aos seus seguidores. Colocou uma espécie de "blackout" por dentro da casa para diminuir a luminosidade da rua. Percebeu que esse hábito a fazia conseguir dormir! Estava reduzindo as insônias da mãe também.

Seu ronco ainda existia e a perda de peso estava lenta, mas sentia que estava mais disposta. Ahh... Faltavam dois meses para terminar o curso na ONG de Estética de Imagem Pessoal. Foi para sua sessão de análise para contar como estava se sentindo com as informações que estava aprendendo no curso e sobre a sua prática da higiene do sono. Nunca faltou a uma sessão sequer! Na verdade, chegou atrasada em uma única!

Neste cenário em que sua vida se encontra, vai para a sessão de terapia, o terapeuta diz para ela que o motivo pelo qual ela havia o procurado já tinha se resolvido, e que agora ela podia caminhar com suas próprias pernas... Cidinha lhe respondeu que vai continuar a terapia, pois foi através dela que conseguiu enxergar muitas coisas, e que ainda há algumas questões que lhe fazem sofrer, que não sabe ainda, mas, com a análise, poderia entender. Então decidiu continuar com a análise.

Cidinha segue com suas terapia, que nitidamente lhe faz bem. Nas lives programadas, ela já fala com seus seguidores sobre a questão de visagismo que está aprendendo no curso de qualificação profissional gratuito na ONG, perto de sua casa.

Por falar em sono, certa noite, enquanto dormia, ela experimentou uma sensação que jamais havia experimentando. Ela estava sonhando e de repente tomou a consciência de que estava sonhando. Ficou surpresa! Mas, em sonho, ela estava com dificuldade para fazer um penteado para determinado tipo de pele. Eis que ela sonha com a resolução dessa questão. Acordou e anotou o que deveria fazer e onde deveria buscar os elementos para harmonizar o penteado, maquiagem e tom de pele. Ficou surpresa com duas coisas: primeiro, com o fato de tomar a consciência que estava sonhando, e segundo que nesse mesmo sonho conseguiu resolver uma questão do seu curso, que estava difícil de chegar a uma resolução satisfatória.

Sonhos como esse passaram a ser comuns para Cidinha, pois ela mentalizava que queria repetir a experiência novamente durante o sono todas as vezes que ia para a cama. Em algumas vezes ela conseguia se perceber no sonho e dizer:

— Nossa, isso é um sonho. Eu estou sonhando!

Cidinha achou muito interessante a experiência e levou esse caso para compartilhar com seu terapeuta.

— Doutor, eu sonhei que estava sonhando, ou eu estava acordada dentro do meu sonho? Ou estava sonhando acordada?

— Cidinha, o que você experimentou foi o que a medicina do sono chama de sonhos lúcidos. Sonhos lúcidos, Cidinha, são aqueles em que o sonhador sabe que está sonhando. Quando o sonhador tem a consciência de que está sonhando ele consegue até controlar o destino daquele sonho. Também é possível em sonhos lúcidos resolver questões pendentes, como a que você resolveu, no caso do penteado, maquiagem e tom de pele, por exemplo. Entendeu? Agora existem várias técnicas e dicas que ajudam a ter sonhos lúcidos. Quem experimenta o estado de sonhos lúcidos ativam a área frontal do cérebro, na região da testa, que está relacionada com funções cognitivas superiores, autoconsciência, memória de trabalho, linguagem e tomada de decisões. Outra área do cérebro que também fica ativada quando as pessoas experimentam sonhos lúcidos é a parte de trás do cérebro chamada de "occipital", que é responsável pelo processamento das imagens que vimos durante o dia e as que aparecem nos sonhos. Você deve ter percebido nas palestras que, quando a gente vai dormir, o nosso cérebro fica processando as memórias adquiridas ao longo do dia em dois estados, NREM, o movimento não rápido dos olhos, que corresponde à maior parte do sono, e é dividida em 3 níveis de aprofundamento desde a sonolência até o sono profundo. Na sequência, entramos em sonhos que é o estado REM, o movimento rápido dos olhos. O curioso, Cidinha, é que o sono tem um papel fundamental no nosso comportamento e depende das frequência de ondas e do som. Tem uma influência em todos os nossos pensamentos, sentimentos e atos que realizamos. Ou seja, os estados mentais de consciência são chamados de gama, alpha, beta, theta e delta. Cada uma dessas ondas possui frequências vibratórias específicas e representam um estado de consciência diferente. Os benefícios dessas ondas sonoras são bem abrangentes, desde a melhora do fluxo sanguíneo cerebral à neuroplasticidade, que se trata da capacidade de reorganização dos neurônios para seu funcionamento quando há algo que impede o funcionamento "normal" das sinapses, e até o equilíbrio da atividade entre os dois hemisférios do cérebro. De acordo com cada tipo de onda, temos comportamentos diferentes, pois, ao longo do dia, o nosso cérebro mantém ativas essas ondas cerebrais. As ondas Deltas tem frequência entre (0 - 4 Hz). Aqui o indivíduo entra em sono profundo e no N3, o nível de 3 de aprofundamento no sono NREM. As ondas Thetas tem frequência entre (3 - 8 Hz): esse estado é de baixa consciência e é encontrado quando estamos em um estado hipnótico e emocional durante os sonhos. Essas ondas ajudam na consolidação da memória. As áreas do cérebro que estão ativadas com essas ondas são as parietal e temporal, e se encontra no N3. As ondas Alpha tem frequência entre (8 - 12 Hz), esse estado é encontrado quando estamos em atenção plena, meditação e quietude mental.

Quando fazemos um esforço para lembrar de algo, nesse estado mental alpha, conseguimos buscar mais informações sobre o foco da atenção. A imaginação flui nesse estado de frequência de ondas. Quando não entramos nesse estado de ondas cerebrais alpha, temos dificuldade de desligar o cérebro e de pegar no sono. Em sono, a região occipital fica ativada quando estamos em ondas alpha e no nível 1do sono NREM. As ondas mentais Betas se situam entre 12 a 33 hz: se trata de quando estamos em vigília, acordados, tem a ver com o pensamento lógico-racional, alerta, atenção seletiva, estímulos sensoriais motores e linguagem estão nesse momento. As áreas do cérebro que estão ativadas com essas ondas são as parietal e frontal. Já as ondas Gama vibram numa frequência entre 25 - 100 Hz. Está correlacionada ao processamento de estímulos táteis, visuais e auditivos, sendo influenciada principalmente pelo visual. Presentes em quase todas as áreas do cérebro, é possível lembrar-se de algo e guardar novas informações na memória de curto prazo. Ficar preso neste pulso pode tender a padrões obsessivos, compulsão, dependência ou transtornos de ansiedade. Presente no Sono REM, importante nas tarefas de processamento da aprendizagem e cognitiva. Agora, quando o indivíduo entra em ondas Gama, isso pode ajudá-lo a conseguir entrar em sonhos lúcidos, que já conversamos anteriormente.

A sessão desse dia foi tomada por esse tema, pois Cidinha queria entender sobre os efeitos das ondas cerebrais no seu cérebro. Realmente ela estava empolgada com as sessões e com o que vinha aprendendo.

O curso de Estética de Imagem Pessoal. Chegou ao fim! Ela estava muita empolgada, com planos, orgulhosa de si mesma. Estava feliz por agora ter um certificado de um curso que a qualifica como profissional.

A ONG promoveu um desfile de penteados e maquiagem para o encerramento do curso. Era uma espécie de trabalho de conclusão de curso, tal qual se faz nas faculdades, porém sem a parte escrita, só a parte prática mesmo. Cidinha se empolgou, mas encontrou uma dúvida: o que ela iria apresentar? Quem seria a sua modelo? Pensou a priori na mãe, que logo recusou o convite, com vergonha. Foi pensando... Pensou na prima Tái, mas logo descartou também, pois ela queria surpreender. A Tái já era uma garota bonita. Ela queria alguém diferente, com personalidade comum. E quem poderia ser essa pessoa? Tornou a pensar novamente. Mas não vinha ninguém em sua mente!

Foi dormir com isso na cabeça: quem será a modelo, que desfilaria para ela no dia de sua formatura? Muita gente passava pelo seu pensamento, mas nenhuma delas a fazia "bater o martelo" quanto à decisão.

Entretanto, de tanto fixar essa ideia antes de dormir, Cidinha entrou em um sonho lúcido. Foi quando ela se percebeu sonhando com um cachorro, bonito, pelos bem cuidados, cão dócil e que todas as pessoas admiravam. No sonho, ela estava passeando numa praia e todas as pessoas queriam parar para fazer carinho no cachorro, tirar fotos com ele.

Ela se percebia no sonho, orgulhosa de estar com aquele animal, que fazia tanto sucesso, com tanta gente admirando-o. Chegou a conduzir o seu próprio sonho, pois ela queria ver a reação das pessoas do outro lado rua. E assim ele a fez em sonho, mudou para o outro lado, e a reação das pessoas foi a mesma: fotos, carinhos, e até ganhou um pacote de ração de um veterinária. Ela estava muito consciente do que estava sonhando! Cidinha, no dia seguinte ao sonho, lembra imediatamente do conteúdo. Lembrou do que seu analista havia lhe dito sobre os sonhos lúcidos e quis entender o que sonhar com aquele cachorro famoso tinha a ver com ela.

Foi fazendo associações, lembrando de situações, de pessoas, de filmes, de novelas. Fez associações com as lives que fazia, fez associação com seu filho, com as palestras, com seu curso que estava terminando...

Quando ela chegou ao pensamento sobre o curso, teve um "estalo" na mente: "tem a ver com o meu curso"! Mas o que um cachorro teria a ver com o curso dela? Indagou-se. Ela começou a juntar os fatos do sonho lúcido, como as fotos, as selfies, as pessoas. Então ela associou que a calçada seria uma passarela, que as fotos tinham a ver com as pessoas assistindo o desfile. Entendeu que o cachorro seria a pessoa que desfilava, mas não vinha nenhum rosto de pessoa conhecida. Continuou a procurar por associações... Pensou até que a veterinária que deu um pacote de ração para o cachorro seria uma espécie de prêmio. Mas quem seria a modelo?

Foi tomar café da manhã, falou para a mãe sobre o sonho e dona Elza ficou também curiosa para saber quem era a pessoa que o cachorro representava. Elas ficaram um bom tempo nessa refeição tentando decifrar o enigma do cachorro...

Num determinado momento, a mãe de Cidinha pergunta:

– Filha, como era esse cachorro? Grande? Pequeno? Qual a cor dos pelos?

– Mãe do céeeeeeeeeeuuuuuu, o cachorro era um Golden retriever!

– E daí, filha?

– Mãe, quem tem um golden retriever é a tia de Alexandre! Aquela que a gente passou o réveillon lá na casa dela e era praia!

– Misericórdia, não que é mesmo?

– É isso, mãe, o cachorro veio me dizer que era ela, a tia de Alexandre, que deve ser a minha modelo.

– Será, filha?

– Mãe, olhe os sinais, tudo se encaixa!

Cidinha e dona Elza se olharam fixamente e começaram a rir juntas, em celebração por terem encontrado a modelo que tanto procuravam, além da surpresa provocada pelos sonhos lúcidos.

O telefone da casa da dona do golden retriever toca, e ela atende. Cidinha, por muito simpática e articulada, procurou saber como ela estava antes. As duas falaram um pouco sobre o Alexandre, o que deixou a ex-noiva um pouco triste e silenciosa por uns instantes. Voltaram a conversar sobre o motivo da ligação, Cidinha lhe contou que estava terminando o curso na ONG e do. Com isso, emendou a fala para fazer o convite para a tia do seu ex-noivo, o que a tia atendeu de imediato e nem parou para pensar:

– Uhuuu, depois de velha sou convidada para ser modelo! Ulala! Claro que eu vou, minha filha, quero matar as invejosas de plantão de raiva! E também te dar um abraço!

As duas riram ao telefone e combinaram de se encontrar para o dia do desfile. Depois de desligar o telefone, a tia do falecido Alexandre grita para o marido e lhe conta toda novidade:

– Benzinho, acabei de ser convidada para ser modelo! Uhuuuuu!

– Como é? Você, modelo!?

– Vem cá, que eu vou te contar. Você não vai acreditar quem me fez o convite...

Junto com a certificação do curso da Cidinha, outros cursos também estavam acabando, como Alfabetização de adultos, Corte e Costura, Crochê, que pertencia ao clube de mães e Música, para adolescentes. Logo seria uma grande festa. Todos nas redondezas da ONG estavam sabendo e provavelmente estariam no evento.

No dia do evento, todos ficaram surpresos com a modelo que Cidinha convidou, ela tinha mais de 60 anos. Foi um frisson. O fato da tia de Alexandre desfilar, chamou a atenção, por ser despachada, desinibida, descontraída, sorridente e com um "ar" de debochada na passarela.

O público ia aos delírios com "as caras e bocas" que ela fazia na passarela e começou a chamá-la de modelo 4D. As outras modelos eram meninas entre 17 a 21 anos. Tinham também modelos masculinos, mas todos na mesma faixa etária. No dia, os primos de Alexandre, os pais de Alexandre e os tios estavam lá, no evento.

O nome que Cidinha deu para sua criação de arte foi "Preconceito está fora de Moda!". Cada aluno teria que maquiar, pentear, compor a roupa e dar um nome para sua criação. A tia de Alexandre foi a mais aplaudida e Cidinha ganhou o prêmio de melhor criação. Por fim, Cidinha havia recebido o seu primeiro certificado, qualificando-a como uma profissional. Ela estava com muito orgulho de si mesma.

Cidinha fez tanto sucesso no desfile e se destacou tanto no curso que foi convidada para compor o quadro de "tutores" na ONG. O coordenador dos projetos entendeu que mesmo que ela não tivesse experiência com didática mas tivesse o conhecimento técnico, o suporte da coordenação pedagógica a permitiria dar aulas. Sim, a ONG tinha uma coordenadora pedagógica, formada em Pedagogia, para orientar todos os cursos de qualificação profissional da Instituição. Sendo assim, Cidinha, que estava feliz com o convite, mas um pouco insegura por não saber dar aula, ficou mais confiante por saber que teria ajuda da pedagoga da instituição.

Estava aí o primeiro passo de parceria institucionalizada que Cidinha experimentava. Um novo desafio se abre para a mulher que nunca se viu numa versão mais magra. A mudança está a caminho, e aos poucos ela vai enxergando isso "homeopaticamente".

Nos finais de semana, algumas pessoas a procuravam para cuidar de suas "imagens pessoais". Era assim que a procuravam. A demanda estava realmente grande nos finais de semana Por causa disso, conversando com sua mãe informalmente, resolveu abrir um pequeno salão de beleza em casa. No período de segunda a sexta, das 19h às 22h30 estava na ONG e, no fim de semana, em casa. Além disso, as lives aconteciam agora também durante os fins de semana e por 3 dias na semana.

A recém qualificada em Estética e imagem pessoal, agora tortura do curso, percebe a responsabilidade que ela assume. Além do seu trabalho, também deveria tomar conta das questões da casa e da análise e deveria se dedicar ao seu filho. Ela estava cheia de idéias, se reconhecendo e gostando dessa renovada versão de si mesma. Algumas perguntas passam por sua cabeça: "Será que consigo fazer a diferença, para essas pessoas que me seguem nas redes, ou que me procuram aqui em casa?", "Em que eu posso contribuir?" e " Será que sou capaz de dar conta de tudo isso?" Com esses questionamentos, Cidinha terá que aprender a colocar em prática o princípio da responsabilidade pessoal. Ela irá descobrir que é bem mais capaz do que pensa. A busca agora é manter relacionamentos mais saudáveis e um melhor atendimento aos clientes.

Ela sempre se perguntou "Por que isso está acontecendo comigo?", "Quando é que alguém vai me olhar por dentro?", "Por que eu tenho de passar por todas essas mudanças?" e "Será que as pessoas são responsáveis pelos meus problemas?". Essas perguntas ela nunca compartilhou com ninguém.

A questão de ser gorda volta à pauta nos pensamentos de Cidinha, pois tudo passa pelo fato dela sempre ter tido a sensação de injustiça. E agora deu certo "medinho". As demandas tinham uma tendência a aumentar tanto nas questões de trabalho quanto nas questões de aprendizagem.

Foi buscar compreender como estava funcionando o seu cérebro! Já conhecia sobre os sonhos lúcidos, inclusive, praticava, e entendeu da importância do sono, da higiene do sono e do diário de sono. Mas queria entender melhor o seu cérebro, por isso não deixou a terapia, pois percebeu ganhos "palpáveis" em sua vida!

Na ONG em que agora era tutora, sempre estava trazendo pessoas para falar sobre o cérebro. Dessa vez, trouxe alguém para falar em processamentos mentais. Esse tema deixou-a muito empolgada! Na verdade, a semana de palestras na ONG era sobre emagrecimento, abordado sob várias óticas, como Neurociências, Processos Mentais, Nutrição, Atividade Física, Epigenética do Emagrecimento, Perda de Peso Saudável e sobre Emagrecimento Funcional.

O palestrante da semana do emagrecimento começou com Neurociências aplicada ao emagrecimento e processos mentais chamados Top Down e Bottom Up. Cidinha comentou então com sua mãe:

– Quando comecei a assistir à palestra sobre Neurociências descobri que ela faria parte da minha vida! Descobri que a criatividade era um processo mental. Entendi que tudo começa na mente para depois se concretizar na vida. Queria sair dali para praticar tudo. Eu estava ávida por conhecer. Eu estava em uma nova realidade. Entrei numa espécie de sonhos acordado. O palestrante falava e eu viajava no que ele estava falando... Parecia até que eu via na minha frente os meus pensamentos se materializarem. Aí comecei a lembrar de todos os meus dias, na minha rotina, pensando no que seria possível aplicar tudo aquilo que estava sendo dito. Como aplicar no dia a dia? Comecei anotando as palavras chaves sobre o tema. Registrei algumas frases, como "O cérebro faz o que você manda para ele" ou então "Uma vez adquirido o conhecimento, nunca mais seremos os mesmos". Também anotei "A repetição garante a fixação da informação."

O palestrante falou que as metas são importantes para o cérebro. As metas devem ser factíveis, alcançadas e aumentadas gradativamente. Pois quando a gente estabelece uma meta que seja possível de realizar, a gente consegue fazer todas. E a minha meta era emagrecer. Tinha que pôr na minha mente metas que fossem acontecendo os resultados que estivessem planejados. Se eu fizer metas, possíveis e não impossíveis, conseguirei mandar o recado para o meu cérebro do que eu consigo fazer. Isso motivaria estabelecer as minhas questões para determinar em quanto tempo eu quero determinada coisa! O palestrante falou que, em seus mais de 10 anos estudando o cérebro, percebe que a neuroplasticidade, que é a capacidade de mudanças e de adaptação do cérebro, é uma grande aliada para quem estabelece metas factíveis. Mãe, o palestrante mostrou alguns estudos que dizem que o cérebro é uma ferramenta que conduz uma verdadeira transformação e mudança de hábitos e de resultados no processo de emagrecimento naturalmente. Sabe o que me deixa pensando, mãe? É que as causas do não emagrecimento estão muito além da força de vontade. Acho que o fato é emocional. Ou a maior parte deve ser de ordem emocional. Deve ser também por causa de uma condição da genética, mas os fatores do sofrimento, como o bullying, deve fazer alguma diferença... Acho ainda que o comportamento das pessoas muda sua forma de pensar. Espera aí! Ou seria o contrário: a maneira de pensar, pode modificar o comportamento? Sabe, eu lembro de uma palestra que o médico dizia que algumas pessoas, depois de fazer a cirurgia bariátrica, voltaram a engordar. Então, o caso é que realmente é além do que a gente vê.

Entendeu, mãe? Eu acho que tudo está na mente! O inconsciente está muito presente nas causas de nossos sofrimentos. É o que meu terapeuta sempre diz. Se algo não é resolvido, vai para um lugar chamado recalcado. Lá seria uma espécie de depósito de tudo o que nos faz sofrer, de tudo que a gente não quer entrar em contato. É uma espécie de proteção temporária. Porém, é temporária porque esse conteúdo escapa. Sempre escapa! E sabe como essas lembranças escapam do recalcado, mãe? Através dos sonhos.

– Então, filha, o que eu estou entendendo é que talvez as questões de obesidade podem estar relacionadas a algum trauma de sofrimento pelo qual as pessoas passaram, tanto na fase infantil quanto na fase adulta? É isso?

– É, mãe! O nosso inconsciente tem uma relevância muito grande em quem somos. Cada vez que os especialistas em cérebros vão estudar, surgem as reflexões sobre possíveis causas do inconsciente que sabotam o nosso objetivo de emagrecer, por exemplo, fazendo com que a gente não firme no objetivo, pois isso pode fazer a pessoa sofrer. Por isso que o subconsciente sabota as intenções, para que a gente não sofra! Em termos gerais, eu acredito que as pessoas não querem emagrecer apenas para serem mais magras. Mas para aliviar esse sofrimento que convive com a pessoa obesa. Veja bem, da mesma forma que existem questões inconscientes que impedem o emagrecimento, também pode vir estímulos inconscientes que podem impulsionar o objetivo de emagrecer de forma extraordinária

A conversa com a mãe se estende madrugada a fora até que elas se deram conta de que já passava da hora de ir dormir. Perceberam isso quando Alezinho se levantou e veio ao encontro delas. Dessa forma, foram se preparar para dormir e colocar novamente a criança na cama.

No segundo dia, o tema das palestras era sobre processamentos mentais chamados top down e bottom up. Esse tema é bem curioso, o que também fez Cidinha ter um insight sobre como poderia utilizar a sua mente a favor do emagrecimento. Vamos lá entender essa palestra que a Cidinha está participando. O componente fundamental para a formação do pensamento é a atenção. O nosso pensamento pressupõe que tenhamos elementos já armazenados para que ele se organize e seja proferido, ou seja, para articularmos um pensamento, precisamos de memórias. E o que é que são as memórias? Nada mais é do que a capacidade que temos de capturar, reter e resgatar informações. A memória, para existir, precisa que outra coisa aconteça no cérebro, que é o sono. Quando dormimos, guardamos as informações que obtivemos durante o dia. E aí entramos em outra função importante, que é a faxina que o cérebro faz quando estamos dormindo, pois nem todas as informações que obtemos durante o dia são importantes para a nossa memória, e assim o cérebro descarta. Isso ocorre durante o sono. Logo, para lembrarmos, precisamos dormir. Se não dormirmos bem, teremos dificuldade nos processos de memorização. A atenção é algo muito importante nesse processo de memorização. Se o nosso foco está disperso, não conseguiremos reter determinada informação. Mas a atenção depende de questões internas, como nossos pensamentos, e de questões externas, através dos nossos sentidos, o paladar, o olfato, o tato, a visão e a audição. A maneira como interagimos aos estímulos internos e externos determina nossas reações; essas reações são processos mentais advindos de nosso foco, nossa atenção!

Cidinha começou a entrar no universo que iria mudar sua maneira ver a sua vida depois dessas palestras. Ela ficou atenta, com seu caderninho, anotando, como sempre, todas as palavras chaves proferidas pelo palestrante, tanto para lhe fazer perguntas, quanto para depois pesquisar com calma. As anotações também poderiam ser úteis se fosso o caso comentar em suas análises.

O que ela viu na sequência da palestra foi sobre o Processamento mental que nos preparam para entrar em ação (reagir). Vamos acompanhar com a Cidinha a fala do palestrante:

– O processamento mental chamado de bottom up: foca na reação imediata, ou seja, nós sentimos as reações e logo explodimos, reagimos. Esse tipo de processamento mental funcionam quando estamos em perigo. Ele nos coloca prontos para fugir ou correr daquela sensação, num instinto de preservação da vida. É chamado de bottom up, de baixo para cima, pois esse processamento mental começa numa área mais interna do cérebro, chamada área límbica, responsáveis pelo processamento das emoções, e se espalha para as partes mais externa do cérebro, no córtex. Essa é uma reação inconsciente! O processamento mental chamado top down é movido pela razão, como você pensa e se comporta. O pensamento manda no comportamento. A ação não é imediata nesse processo mental. É um processo mais consciente. É chamado de top down pois vem de cima para baixo, ou seja, começa no córtex cerebral, a parte mais externa do cérebro, onde se encontram a razão, o processo de limites e freios, e parte para a área emocional, na área límbica, parte mais interna do cérebro. Quando se repete esse processamento mental, nossas reações são mais positivas, mais claras para a resolução de problemas.

Cidinha fica empolgada e confusa ao mesmo tempo, e pergunta ao palestrante erguendo o braço:

– Com licença, então tudo tem a ver com o foco que nós damos as informações que recebemos? Um nos leva a uma reação inconsciente e o outro nos leva a uma reação consciente. Sendo assim, qual é processamento mental melhor?

– Bem, como é seu nome, meu anjo?

– Meu nome é Aparecida, mas todos me chamam de Cidinha. Fique à vontade para me chamar como quiser

– Tá Bom! Cidinha, pode ser?

– Bem, essa é uma boa pergunta pois tudo depende da informação que você está recebendo. Por exemplo, se você está numa situação concentrada e de repente alguém chega e lhe cutuca com seus dedos indicadores em sua cintura, instantaneamente , assustado, você se vira para dar um soca na cara da pessoa que lhe deu esse susto. O que aconteceu com você? Provavelmente você vai se culpar por ter dado um soco em quem lhe deu o susto, certo? Entretanto, você sentiu a emoção do susto, reagiu a essa emoção e depois se arrependeu de ter dado um bofetão na pessoa que só estava "brincando "com você. Essa reação foi imediatamente emocional e só depois você percebeu que não havia o perigo que você imaginou. Agora, considere outra situação como exemplo. Você está em um churrasco entre amigos, e um deles se excede na bebida alcoólica e começa a lhe xingar, mas xingar mesmo, ao ponto de algumas pessoas que estão no ambiente, segurá-lo para que ele não avance para cima de você. E você apenas diz: amanhã a gente conversa! É claro, chega o dia seguinte, e você fala tudo o que aconteceu e, inclusive, você exige que ele lhe respeite como você o respeita! O que aconteceu com essa reação? Começou nas áreas do córtex cerebral onde se encontra a racionalização, os limites, para depois seguir para a área límbica. A áreas das emoções. Então, te respondendo, Cidinha, não há o processo mental melhor, o que há é que existem algumas situações em que você emprega um ou outro. Agora, pensando que essa palestra faz parte da semana de emagrecimento, logo, em sua opinião, em relação à decisão de emagrecer, você usaria qual dos processos mentais?

– Eu?

– Sim.

– Ah, eu acho que a decisão de emagrecer para ter resultados positivos deve passar pelo processo mental top down! Porque se eu fizer a primeira dieta que aparecer sem analisar, estarei usando o processamento mental bottom up. É isso?

– Certo! Tudo isso tem a ver com o que você quer para a sua vida. Tem a ver com você se conhecer. Se você decide emagrecer e não faz atividade física regular, ou pratica algum tipo de esporte, e não controla alimentos que podem te tirar do seu objetivo, sua decisão foi bottom up.

A palestra acaba e Cidinha segue pensativa, elaborando e fazendo associações sobre o que ela quer e o que ela está ouvindo nas palestras. As palestras aconteciam à noite na ONG não conflitavam com suas aulas na tutoria do curso em que ela foi convidada, pois já estava no período de atividades extras dos alunos. Portanto, nem os alunos estavam perdendo aulas, nem a Cidinha estava escapando para participar das palestras e nem a ONG estava se auto-sabotando. Todos os cursos estavam liberados para assistir as palestras da semana do emagrecimento.

A terceira palestra tinha como foco o marketing do setor de alimentos e processo de desprogramar a necessidade das comidas mais calóricas. Nesta palestra, o nutrólogo, médico especialista no diagnóstico, prevenção e tratamento de doenças do comportamento alimentar, chamou a atenção para o bombardeamento de peças publicitárias e propagandas que atraem a atenção das pessoas nos meios de mídias tradicionais, como nas redes sociais dos potenciais clientes. O caminho que o cliente entra no supermercado, por exemplo, geralmente é o lado esquerdo da loja, enquanto saímos pelo lado direito, depois de passar pelo caixa. O cérebro está acostumando a funcionar no sentido horário, então o cliente percorre da esquerda para direita o supermercado. Então, o nutrólogo explicou sobre as "armadilhas" que o marketing faz para quem quer emagrecer:

– Frutas e vegetais em caixotes de madeira ou de papelão dão a ideia de frescor, com o objetivo de encantar o cliente. Os carrinhos são grandes para causar a impressão que está vazio, assim força esse cliente a comprar mais... Além disso, mexe com o ego do indivíduo, que acaba tendo vergonha de ter poucos produtos no carrinho. As lojas de fast food colocam cores vermelhas em suas propagandas pois estimulam o desejo de comer mais. Além disso, existe a estratégia do preço de 0,99 centavos. Para o cérebro, isso não custa 1 real. Realmente não é, mas o cérebro entende como promoção. Por causa dessas estratégias, a pessoa só percebe que comprou muita comida, com muitas calorias, quando chegou em casa! Pessoas com sobrepeso, pré-obesos e obesos têm a tendência de reagir às campanhas de marketing no nível de processamento mental bottom-up. A desprogramação do cérebro envolve ir ao supermercado com uma lista do que realmente precisa comprar, utilizando o processamento mental top down. O importante não é deixar de comer, é distribuir isso, pensando no que comer, quando comer e quanto comer. A higiene do sono também ajuda bastante a termos um hábito muito sadio, comendo de tudo, mas regulando determinados alimentos em determinados momentos do dia. Isso sem contar na saúde mental das pessoas, que está inteiramente ligada ao processo de emagrecimento, que será a palestra de amanhã...

Ao ouvir isso do palestrante, Cidinha procura imediatamente na programação do evento da semana de emagrecimento na ONG quem seria o palestrante. No tema "Saúde mental e emagrecimento" constava o nome do seu terapeuta. A alegria e a ansiedade tomaram conta de Cidinha, por essa coincidência. Não via a hora de chegar a 4ª palestra da semana.

O dia correu normalmente, com as atividades corriqueiras, mas Cidinha ainda ficou atenta ao horário, para não chegar atrasada. Ela mandou uma mensagem para seu analista para parabenizá-lo pela palestra e confirmou que estaria presente para ouvi-lo, já que ele fala tão pouco!

– O corpo e a mente, estando em harmonia, geram hábitos saudáveis e um processo positivo de reeducação alimentar. É com essa frase que o terapeuta da Cidinha inicia a palestra, com os olhares atentos de todos os participantes. Essa frase causou certo alerta aos presentes, inclusive na sua paciente. Ele seguiu sua fala...

– Nós brasileiros vivemos sem perceber que estamos sob uma espécie de ditadura da beleza e da imposição de padrões estéticos, que tem como consequência uma série de comportamentos compulsivos, distúrbios alimentares, ansiedade e depressão. Para muitos, não estarem enquadrados nesse padrão considerado como belo e ideal é um grande sofrimento mental. Percebam como as propagandas sobre alimentos são extremamente irresistíveis, como fast foods, alimentos industrializados, ultraprocessados e pobres em nutrientes. O consumo desses produtos podem gerar problemas, como o sobrepeso, a obesidade, a diabetes, a hipertensão, problemas ortopédicos, doenças cardiovasculares, como o infarto e AVC (Acidente Vascular Cerebral), cansaço, dores no corpo, falta de concentração e tonturas. Esses são os problemas que estão entre os mais comuns, sem contar na apneia do sono e insônia etc. As conseqüências inconscientes desses problemas é uma vida sedentária e estressante, promovendo aí um comprometimento da saúde mental desse indivíduo que quer emagrecer, mas faz dietas malucas, que prometem perda de peso instantâneo. Em contrapartida, essa mesma pessoa é bombardeada pelas propagandas que mexem com o nosso desejo de saborear aqueles alimentos com propagandas impecavelmente perfeitas, levando-nos a uma crise entre o ego e o superego, um querendo satisfazer o desejo imediato de comer; o outro, censurando esse desejo pela consequência de engordar. A grande pergunta que devemos nos fazer é "Como alinhar emagrecimento e saúde mental"? Isso é deveras preocupante, pois não existe um compromisso com as necessidades nutricionais particulares de cada pessoa e tampouco essas dietas e alimentos valorizam o emagrecimento e a saúde mental. Se o seu objetivo é aliar emagrecimento e saúde mental, o mais indicado é fugir das dietas da moda e encontrar o equilíbrio entre emagrecimento e saúde mental. Você não tem que sofrer para emagrecer. O equilíbrio entre emagrecimento e saúde mental acontece quando existe a consciência a respeito da importância da adoção de hábitos mais saudáveis no dia a dia, aliados a psicoterapia, meditação, preparando seu cérebro para a mudança e readaptação ao novo hábito de vida. Ah, e claro, tudo isso deve ser associado à atividade física, coisa que vocês irão ver amanhã no encerramento da semana do emagrecimento... – sua fala continuou por um tempo, até que disse - Para terminar minha participação hoje com vocês, gostaria de enfatizar que a falta de autocontrole do comportamento com alimentação pode estar diretamente ligada aos problemas de excesso de peso. Questões da genética e ambientais podem explicar o desenvolvimento do desequilíbrio emocional e da ansiedade, tornando as pessoas escravas da balança e do espelho! O que acontece de forma geral é que as pessoas perdem o controle e sentem prazer em comer. Por isso acabam comendo compulsivamente para sentir mais e mais prazer, para compensar o sofrimento. É provável que as pessoas que tenham problemas em se autocontrolar vivem uma sabotagem e ficam protelando seus objetivos o tempo todo, vivem destruindo suas relações, agindo por impulso e causando situações e consequências desastrosas para sua vida, tanto pessoal quanto profissional. Como eliminar tudo isso? Autoconhecimento! As psicoterapias são maneiras saudáveis de se conhecer, entender seu funcionamento e assim mudar o que lhe incomoda. É isso, gente, obrigado e boa noite!

Para encerrar o ciclo de palestras sobre emagrecimento, no quinto e último dia, a ONG traz o tema sobre "Emagrecimento Funcional". Para palestrar, chamaram uma Educadora Física especialista em treinamentos funcionais. A especialista começou sua apresentação conceituando o que significa emagrecimento funcional. Cidinha, como sempre, estava nas primeiras fileiras das carteiras com seu caderninho e caneta para fazer as devidas anotações. Especificamente, nesse dia, ela estava mais falante com os colegas que estavam ao seu lado, comentando sobre os temas de cada noite. Já fazia algumas considerações antes da palestra começar, pois ela leu sobre o tema, um artigo escrito pela palestrante. Achou a forma de escrita um pouco difícil, mas chegou a compreender algumas passagens. Portanto, Cidinha estava mais preparada do que os outros dias, que não fez nenhuma pesquisa anterior:

– Boa noite, pessoal! É uma felicidade estarmos juntos hoje para batermos um papo sobre treinamento funcional. Vamos lá! O treinamento funcional se baseia em movimentos naturais do dia a dia, como agachar, empurrar, girar, pular, correr etc. Deve ser levado em consideração os movimentos naturais que o corpo realiza. Qualquer pessoa pode fazer esse tipo de treinamento, desde que seja de acordo com as limitações corporais, especificidades e objetivos de cada indivíduo. Notem que é um tipo de atividade barata, e os equipamentos devem ser livres, como halteres, cordas, barras, bolas, fita, elásticos, pranchas de instabilidade, bastões e o peso do próprio corpo. O treinamento funcional é possível pois a melhora do tônus muscular aumenta a massa magra e diminui o percentual de gordura, auxiliando na definição corpo. Além de movimentar muitos músculos num mesmo exercício, aumenta também a frequência cardíaca, otimizando a queima de calorias e ajudando a perder peso. É uma ótima alternativa para quem quer emagrecer de forma saudável. O treinamento funcional melhora a postura, a flexibilidade, a coordenação motora, a força, a aptidão cardiovascular e a hipertrofia muscular. Embora não tenha que pegar tanto peso, na maioria das vezes, o próprio corpo é utilizado como peso! Agora, é importante saber que tudo é um conjunto de fatores, por exemplo, alimentos funcionais também devem ser incluídos na rotina do indivíduo. A alimentação balanceada é muito importante para agir positivamente. Entenda alimentação balanceada como aquela que tem quantidades ideais de nutrientes, de acordo com o que cada organismo precisa. E quais são os alimentos a considerar como balanceados? Frango, podendo ser grelhado, assado, ensopado, ou usado como recheios de sanduíches, omeletes e tortas fits. Enfim, da maneira que você gostar! Batata-doce é outro alimento funcional, fonte de carboidratos com baixos índices glicêmicos. Ela é rica em fibras, em vitaminas A e C e minerais, como cálcio, ferro e fósforo. Um alimento pouco comum na mesa dos brasileiros é pasta de amendoim. Ela é uma ótima fonte de energia a longo prazo. Por conta do seu alto teor de gorduras mono e polisaturadas, serve como combustível para treinos de maior duração. Ovos, esse alimento tão comum em nossa mesa, de várias formas, é rico em vitamina do complexo B que, entre outras funções, está ligada ao controle da frequência cardíaca, da respiração e das atividades dos músculos. Ou seja, tudo a ver com o que melhora a performance nos treinos. As nozes, castanhas, avelãs e amêndoas, são ricas em gorduras boas e servem como combustível. Além disso, contêm ômega-3 agindo na ação anti-inflamatória e recuperação muscular. O alimento mais querido dos brasileiros: o feijão. É rico em fibras e promove uma sensação de saciedade. Na mesma linha temos a ervilha, lentilha, grão-de-bico etc. Frutas de baixo índice glicêmico, como morango, amora, framboesa, de modo geral, por isso, são excelentes fontes de carboidratos. Bem, mas tudo isso, os treinamentos funcionais e a nutrição funcional, dever sem acompanhados por profissionais certificados. Mas aí, você pode me perguntar: qual é a importância do acompanhamento profissional? E eu te respondo: o treino funcional é uma ótima modalidade para quem busca hipertrofia e condicionamento físico ao mesmo tempo. Além do mais, ele traz outros benefícios interessantes para manter o corpo em forma, flexível e ágil. Para ganhar massa muscular e ter bons resultados, assim como em qualquer outra atividade, é preciso seguir uma alimentação para hipertrofia balanceada. E, para que isso ocorra a contento com seus objetivos, você deve ser acompanhando por pessoas que estudaram e sabem como lhe orientar para chegar no que você quer. Se você fizer os exercícios funcionais sem orientação, você pode causar complicações para você mesmo. O mesmo se aplica a sua alimentação. Não estou falando de dieta. Estou falando de alimentação balanceada. É isso, gente!

– Uauuuuuuuu!

Cidinha não se agüenta, e ao final da palestra solta uma exclamação, ao que todos a acompanham numa salva de palmas. No entanto, uma coisa ela ficou intrigada e iria buscar mais informações era sobre apneia do sono e sobre o meio ambiente interferindo na saúde mental das pessoas.

Foi para a internet e fez várias pesquisas sobre o tema: apeia do sono e obesidade. O interesse específico nesse tema era pelo motivo de já saber que tinha problemas para dormir e com roncos. Nas leituras e comparações que fez, entendeu que o índice de massa corpórea, o (IMC≥ 25), apresentavam índex acima da normalidade quando as pessoas estavam dormindo menos de 6 horas por dia. Comparando os textos, ela chegou à conclusão que o hábito inadequado de sono influenciava no desenvolvimento da obesidade e problemas cardiovasculares, psicológicos. Mas a grande sacada que ela teve com a leitura que fez é que a "higiene do sono" a ajudaria a dormir bem e a emagrecer também!

Ao pesquisar sobre higiene no do sono, ela começou a entender que um lugar adequado para dormir, apagar as luzes, desligar dispositivos móveis, evitar cafeína ou estimulantes antes, podem contribuir para uma noite bem dormida.

Outro assunto que instigou a sua vontade para conhecer mais´..., são as neurociências e ajuda que ela proporciona para modelar o pensamento e alcançar a realidade que desejamos. A questão das experiências vividas também chamou atenção, porque podem alterar a ativação do genes sem modificar o DNA do indivíduo, mas alterando o comportamento, explico melhor a seguir: nós somos formados por milhões e milhões de células. Essas células passam pelo ciclo vital da vida, nascer, crescer, reproduzir, envelhecer e morrer. As células morrem de maneira natural, programada, a apoptose, ou de morte provocada, a necrose. Antes de morrer, as células promovem a saúde e a normalidade do nosso corpo. A célula conduz todas as informações do DNA que são nossas heranças genéticas.

Porém, há também os genes. Esses agem como verdadeiras consciências das células e traz escrito, gravado em suas estruturas, a programação que pode garantir o funcionamento normal do nosso organismo, promovendo nossa saúde. Sabe-se hoje que existem múltiplos fatores, por exemplo, ambientais, que interferem na forma como os nossos genes se expressam, isto é, como se manifestam. São os genes, quando manifestados (entenda manifestados como se fosse "on" ou ainda "ligados"), apresentam, por exemplo, a cor dos olhos do pai em um bebê.

Agora, será que quem nasce com genes responsáveis pela obesidade tem de se conformar com eles pelo resto da vida? Esse é um questionamento que Cidinha fez ao perceber essa relação dos genes, a genética e meio ambiente. Logo, ela compreendeu que há sim uma área da biologia que pode responder essa questão, a chamada de Epigenética. A Epigenética nos diz que não. O fato de ter o gene da obesidade significa apenas que ele pode ou não ser expresso. E é aqui que se abre um novo caminho para todas as pessoas que sempre tentaram perder peso, mas sem grandes resultados. Logo, a Epigenética explica que experiências ambientais, vividas por nós, podem expressar ou não, os genes da obesidade! Ficou curiosa (o) de saber como é que os genes ajudam a perder peso? A Cidinha também.

Estimados, lembram-se que Cidinha disse que nunca havia visto a versão magra de si mesma? Então, o pai dela era obeso e faleceu de diabetes. Sua mãe, dona Elza, era um pouco fora de forma, tinha um sobrepeso, mas emagrecia com facilidade. Logo, ela tem herança familiar com predisposição genética para o excesso de peso, em que todos os elementos apresentam genes que justificam a sua expressão.

Ainda assim, é possível que Cidinha tenha redução de peso. Por que? Porque ela pode adotar comportamentos ou hábitos de vida em que esses genes sejam impedindo de se expressarem, de se manifestarem. É desta forma que a maquiadora entendeu como a Epigenética pode ajudar a perder peso. Ao mesmo tempo em que ela ficou encantada e feliz de saber sobre os processos de emagrecimento, ela se conscientizou que deveria voltar a estudar. No caso dela, teria que fazer a aceleração dos estudos no programa de Educação de Jovens e Adultos, mais conhecido por EJA. O EJA era também oferecido pela ONG. E foi o que fez: matriculou-se no módulo do ensino fundamental.

Cidinha fez uma relação do que tinha que fazer na vida:

1. Matricular-se no EJA do ensino fundamental;
2. Colocar o Alexandre Júnior na creche;
3. Fazer a higiene do sono;
4. Fazer o diário do sono;
5. Continuar na terapia;
6. Continuar como tutora na ONG;
7. Continuar com as *lives* de maquiagem 3 vezes por semana;
8. Atender as clientes no salão improvisado em sua casa nos finais de semana;

9. Manter-se na atividade física, com treinamentos funcionais;
10. Alimentações saudáveis: fazer a própria comida e não ter medo da comida;
11. Utilizar Processamentos mentais top down;
12. Praticar sonhos lúcidos para buscar respostas de algo que incomode;
13. Estimular o cérebro através de músicas com frequência (Hz) chamadas universais em equilíbrio com a natureza;
14. Aplicação das neurociências aos comportamentos dela;
15. Amar-se: você tem inúmeros motivos para amar seu corpo,
16. Não se comparar com ninguém;
17. Implementar as teorias da epigenética para emagrecer com saúde e naturalmente;
18. Celebrar todas as conquistas, por menores que elas possam parecer;

Nessa altura do campeonato, Cidinha tomou as rédeas de sua vida com vigor, planejou e seguiu firme com esse planejamento. Alezinho estava crescendo, já com 3 anos e Cidinha com 28 anos. Terminou o EJA de Ensino fundamental e se matriculou no EJA do Ensino Médio.

Sempre que podia, consultava suas anotações referentes às palestras que ela participou e continuava agora pesquisando cada vez mais para fazer as atividades do EJA.

O Alezinho era doido por futebol e por pagodejo, não podia ouvir uma música do pagodejo que ele já começava a dançar e quebrava tudo dentro de casa, pois resolvia jogar bola dentro de casa! Já viu no que deu, não é?

Na escolinha, ele era uma criança normal, saudável, como todas as outras: brincava, aprendia, batia algumas vezes nos coleguinhas, em outras, apanhava deles, corria, caía, levantava, sorria, chorava, adorava o desenho animado do "baby shark", o bebê tubarão, e também enlouquecia a dona Elza de tanto que ele escutava! O problema dele era que só vivia correndo. Ele não andava, era raro. Só queria correr! E isso muitas vezes promovia alguns machucados e choros. Vivia remendado de curativos pelo corpo, principalmente nas pernas, braços e boca. Sempre estava ralado!

Sua vó dizia que ele não tinha GPS não! Que ele levantava e disparava a correr sem direção certa. Tinha que comprar um GPS para ele se orientar... Era a forma de brincar com a condição acelerada do neto! Todos riam quando ela falava isso!

Cidinha era só alegria e felicidade em relação ao seu filho! Era uma maneira de manter a memória do seu ex-noivo vívida. Já havia passado pelo luto e ressignificado sua perda, inclusive a do seu pai. As lembranças eram boas de ambos. Sentia falta deles, mas não sofria com isso.

A terapia, realmente fez uma diferença enorme na vida, na mente e na tomada de consciência do que ela queria ser e fazer de sua vida. Ah, o lugar de mãe do Alexandre Junior se revelou num amor indescritível, intransponível e indissociável do amor de Alexandre por ela. Ela estava sentindo-se plena!

Aos trinta anos de idade, com seu filho de 5 anos, Cidinha continuava na ONG como tutora do curso de Estética e Imagem pessoal. Era uma das melhores tutoras do curso. Continuava fazendo terapia, havia terminado o EJA Fundamental e o EJA médio.

Não parou de participar das semanas de formação promovidas pela ONG, e o Alezinho estava estudando lá também, desde os 2 anos de idade. Esse seria o último ano dele estudando lá, pois o primeiro ano do ensino fundamental tinha que ser em outra instituição. A ONG só oferecia a creche e educação infantil.

Pondo em prática a lista que fez quando tomou consciência do que queria fazer da vida, decidiu cursar uma faculdade. Começou a fazer pesquisa sobre instituição, preço, curso e horário. Tinha algo em mente, mas ainda não havia decidido. A decisão aumentaria mais um item na lista. Em um ano e meio, ela estaria na faculdade. Durante esse tempo guardaria dinheiro para pagar seu curso superior. O plano do curso superior e de empreender havia iniciado.

Cidinha estava demorada e gostosamente beijando na boca de um rapaz que nunca viu na vida! Um cara barbudo! Estava gostando daquela boca masculina que queria "engoli-la" de tanta vontade e desejo na maquiadora.

Acordou nervosa com aquela ousadia e luxúria. Foi quando percebeu que não passava de um sonho! Coração acelerado e parecendo sentir tudo vividamente, os lábios daquele homem que demonstravam tanto interesse nela... Incomodada e curiosa, decidiu fazer rebote do sonho e voltou a dormir para saber quem era aquele atraente homem que a desejava. O rebote em sonhos é a capacidade de depois de ter um sonho interrompido, voltar e continuar o sonho de onde foi interrompido até chegar ao fim dele.

Das experiências que teve com sonhos lúcidos, tentou conduzir o conteúdo do sonho "rebote". Conseguiu ir até o final do beijo, mas não viu o rosto do beijador. Então, despertou naturalmente do sono com a lembrança do beijo. A rotina do dia seguiu, mas Aparecida não tirava a cena do sonho da noite anterior da cabeça. No dia seguinte, acordou pela manhã disposta a contar isso em análise. Eram tantas informações, tantas sensações legais e obscenas, que chegou até pensar em não falar para seu terapeuta, de tanta vergonha. Mas logo mudou o rumo da sua decisão e compartilhou com seu analista seus desejos completos com aquele homem que ela não via o rosto, mas que queria a boca dele.

Seu analista, após ouvir atentamente os sonhos, faz uma pergunta que deixou sua paciente paralisada:

– Cidinha, acho que você já está pronta para se relacionar novamente! Sem dizer nada ao seu analista, Cidinha vai para casa pensar sobre.

– Hoje, após finalmente me entender e tratar a raiz dos meus problemas com o peso, estou no meu primeiro grande emagrecimento, no qual já perdi mais de 4 kg. Caminho bastante e faço os treinamentos funcionais em casa mesmo, para manter ativo meu corpo e ativa minha mente. Não deixo de comer o que quero, aprendi que não devo ser inimiga da comida, mas consigo exercer controle. Além disso, adoro preparar minha comida, do meu filho e de minha mãe. Já são dois anos mantendo o equilíbrio, controle, dormindo e acordando na hora certa, e sigo nessa luta... O Alexandre, que Deus o tenha, foi essencial no meu processo de mudança e aceitação. Quando nos conhecemos, eu pesava mais de 100 kg e, para ele, eu estava perfeita! Isso fez toda a diferença para uma mudança saudável, pelos motivos certos: minha saúde. Uma pessoa que me via além do meu peso e me amava pelo que eu era, independentemente de ser gorda. Hoje sou protagonista da minha história. Emagreci por mim e não pelos outros. Esses 4kg parecem ser pouco em 2 anos, mas são perfeitos. Emagreci com saúde, naturalmente. Emagreci com a ajuda dos conhecimentos científicos das neurociências. Já posso dizer que conheço uma versão mais magra de mim! Isso é real. Estou feliz.

Essas foram as falas da Cidinha em sua *live* para uma de suas seguidoras, que lhe questionou como ela estava se sentindo por ter perdido 4 kg em 2 anos.

Em análise, um dia, quis entender o que é a felicidade:

– Doutor, estive pensando no que você me propôs sobre eu estar pronta para me relacionar novamente. Tive aquele sonho novamente. Vez ou outra consigo entrar em sonhos lúcidos para tentar ver o rosto do homem que estava me beijando. Ainda não consegui. Mas, assim, quero entrar nesse tema outro dia. Porém, o que me trouxe aqui hoje é a pergunta do que é a felicidade? Onde ela está? Ela é um estado momentâneo ou é a conseqüência de alguma coisa? Seria a felicidade uma espécie de recompensa? Pergunto isso, pois estou achando que estou feliz! Há momentos em que me sinto totalmente feliz, transbordando de felicidade. Mas, às vezes, não me sinto feliz. Não quero dizer que estou infeliz, mas é um sentimento diferente. Às vezes acho que a felicidade é um estado de espírito. Penso que na minha mente que as vezes sou feliz. Perguntei para algumas pessoas o que era felicidade. Uma pessoa me disse que sua mente ainda estava num estado de confusão e agitação, e os bens materiais não iriam lhe proporcionar felicidade. Mas ela terminou dizendo que a felicidade significa paz de espírito. Outra pessoa disse que a felicidade era um estado de espírito transitório. Para essa pessoa, temos momentos felizes, de plenitude, divinos, celestiais, mas ao lado disso temos a rotina, a dor de barriga, a dor de dente, a conta para pagar. Eu entendi que ela queria fazer um contraponto com a plenitude de felicidade, perguntando: como estar feliz com uma dor de dente? Veja agora o que disse outra pessoa: "é difícil de falar". É difícil dizer coisas que não podem ser ditas... É tão silencioso. Ela seguiu perguntando ainda, doutor, como conduzir o profundo silêncio do encontro entre duas almas? Disse ela que é dificílimo contar. Nós estávamos nos olhando fixamente e assim ficamos por uns minutos, éramos só um ser. Um só segredo. Houve o que se chama de comunhão perfeita. Ela disse que achava aquilo o estado agudo de felicidade. Na verdade, Doutor não entendi nada do que ela quis dizer sobre felicidade. Está tão confuso que eu não consigo lhe descrever o que ela quis dizer. Talvez conseguisse entender alguma coisa dos outros, mas dessa, quase nada. Será que ela quis dizer que felicidade é estar amando alguém? Então, posso entender que a felicidade é um estado de espírito e que também é uma consequência de alguma coisa, por exemplo. Parece que as pessoas que eu peguei como parâmetros não foram muito claras no quesito definição de felicidade. Está aí, será que precisamos definir a felicidade para sermos felizes? É preciso ter alguém para ser feliz? Agora, uma coisa é fato: eu acho que estou num momento feliz da minha vida. Feliz comigo, com meu filho, com meu trabalho, com o que estou aprendendo, com o que estou planejando para minha vida!

– Bem Cidinha, a psicanálise não promete a felicidade, pois sabemos que essa totalidade não existe. O meu papel aqui é estimular você a ter acesso aos seus desejos inconscientes mais profundos, que irá contribuir para se produzir os prazeres que podem e precisam ser vividos. Aqui na terapia te ajudo a atravessar sua angústia. No decorrer do processo analítico, o indivíduo se redescobre, na sua forma única de ser e de viver, numa condição de vida mais saudável e prazerosa, originada pelos seus desejos. Aqui você percebe que as frustrações necessárias e insatisfações são parte da vida, e compreende que a felicidade total não vai existir nunca, pois não é possível ao ser humano acessá-la. Aqui, em nossas sessões de psicanálise, você vai tomar consciência, que seu maior potencial de felicidade, é possível de ser vivido. A felicidade está na gente também. E esse estado de felicidade, você está experimentando.

As sessões de terapia realmente estão fazendo Cidinha se autoconhecer! Através da sua rede social, ela ensina aos seus seguidores que existem pessoas que alcançam seus objetivos e começam a mudar sua vida, conhecendo-se em terapia. Diz ela que é um exemplo.

Cidinha estava se tornando uma experiente gestora de sua própria vida e estabeleceu novos desafios. Cidinha se lembra de suas medidas: 1,65 metros de altura e hoje pesa 96 quilos. Ela é uma mulher que está buscando e praticando hábitos saudáveis. Começou pela mente, pelo sono e depois passou para o corpo.

No entanto, tudo isso tinha começado porque sua vida costumava ser um inferno. Mas Cidinha estava confiante em si mesma e decidiu que precisava perder peso se quisesse ter uma vida minimamente agradável.

Agora ela conta sua história nas redes sociais para ajudar outras pessoas a atingirem seus objetivos também. Ela reconhece que sua vida desmoronou de vez quando passou pela morte de Alexandre, seu noivo. Tudo mudou!

Essa mudança ocorreu quando estava com 25 anos. Na verdade, para ter mais precisão, começou a mudar dois anos atrás, quando conheceu o garçom na festa de casamento. Hoje, com 30 anos, empregada, é feliz. Vai para o seu trabalho na ONG caminhando, é ativa em sua rede social e saiu do estado de depressão que a acometia, libertando-se da autossabotagem e do abandono de si mesma. Foi durante o quadro depressivo que ela entrou num processo de engordar ainda mais, e passou a pesar mais de 100 quilos e a ter problemas de saúde física. Consequentemente, problemas na saúde mental também apareceram.

Cidinha começou a encontrar em sua rede social fotos de antes e depois de seguidoras, que contavam suas histórias pessoais sobre as experiências e sequelas das dietas de emagrecimento, tanto as bem sucedidas quanto as mal sucedidas.

Ela se viu em muitos casos de mulheres que estavam na mesma situação que ela, ou seja, que não conseguiam perder peso. O grande problema nas declarações nas redes da Cidinha por suas seguidoras eram as insatisfações com o tempo para emagrecer e as sequelas do emagrecer rápido.

Um dos *posts* chama atenção de toda a comunidade dizia: "Perdi 50 Kg, estabelecendo **uma dieta de controle de calorias por dia." A seguidora compartilhou** que caminhava por meia hora durante três dias por semana. Essa rotina não foi acompanhada por um profissional, foi por conta dela mesma. Com isso, conseguiu reduzir o peso. Esse exercício foi mais tarde acompanhado por danças, **corridas**...

Nesse mesmo *post*, ela disse que adquiriu duas grandes sequelas: desnutrição e dores nas costas e pernas, como consequência de fazer o corte de calorias e atividades físicas por conta própria. Dizia ela que a "disciplina" é a chave de tudo! Mas agora percebeu, da forma mais difícil, que a "disciplina" que ela imaginava ser o suficiente para emagrecer não era!

Foi quando Cidinha se propôs à reflexão de que o fato de rapidamente começar a notar perda de peso é estimulante, mas ter que dormir com dor não é legal. Logicamente, o humor não fica bem quando estamos com dor e desnutridos. Depois que a Cidinha pensou isso, a seguidora completa que suas crises de enxaquecas se tornaram frequentes, e assim deram cabo para terminar com a loucura de fazer exercício e dietas para emagrecer por conta própria. Outra queixa que a seguidora relatou foram as dores no tornozelo.

Cidinha começa a pensar sobre o que sua seguidora postou no chat da *live*. Ela se percebe agora uma pessoa muito mais consciente de si, mas solidária com a dor e com a vergonha da seguidora. Hoje ela consegue refletir, pois ganhou sua autoconfiança e isso se mostra em todas as facetas de sua vida, do trabalho à aparência pessoal. Cidinha é uma nova mulher, é mais decidida. Uma das coisas mais difíceis para ela entender era o porquê algumas pessoas a tratavam mal. Ela se sentia injustiçada, desde criança. Também se sentia assim quando alguém lhe dava as costas por ser gorda. Hoje planeja sua vida de modo que sua felicidade seja coerente com quem ela é, com o que ela tem e com o quê ela quer para sua vida.

A maquiadora e agora visagista qualificada profissionalmente, tem certeza de que quer continuar sendo a pessoa que é hoje e, por isso, deu muitos passos na direção que acredita ser certa.

Lembram do *checklist que* Cidinha se propôs fazer? Pois bem, três anos e meio se passam e ela começou a pôr em prática. Curiosamente, em paralelo às suas atividades diárias, e além de estar fazendo o EJA, Cidinha também sempre estava presente nos eventos das semanas científicas que a ONG promovia todo mês.

Além das palestras na ONG e curso do EJA, passou a acompanhar profissionais especialistas em emagrecimento, em neurociências, em processos mentais, em sono e em epigenética. Em qualquer lugar em que debatiam esses temas, geralmente estava presente para compreender. Ela tinha um fascínio por entender o funcionamento do cérebro e da mente humana.

O projeto de voltar para escola, fazendo a matrícula no EJA do ensino fundamental, foi um sucesso e um impulso para continuar o EJA do Ensino Médio. Percorreu 4 semestres de ensino fundamental e 3 semestres de Ensino Médio. Problemas com as disciplina não tinha. Porém havia algumas disciplinas que ela gostava mais, como é o caso de biologia, porque trata sobre o ser vivo e, em especial, sobre o ser humano, e da química, que lhe deixou encantada por entender como a matéria se transformava em outra matéria. Entendeu a importância de todas as disciplinas e como era bom aprender. Mas chegou em um momento da vida que tinha que escolher qual área queria seguir, e as questões da biologia e química foram as que a fizeram direcionar a sua escolha. Ao terminar com o curso de EJA, tanto fundamental quanto do Ensino Médio, Cidinha estava com 33 anos...

Alexandre Junior, seu filho, estava agora com 8 anos de idade, no ensino fundamental I, no terceiro ano. Depois que saiu da ONG, foi estudar numa escola pública municipal e provavelmente deve terminar seu Ensino Fundamental I lá. Na escola, Alezinho tinha uma relação boa com os coleguinhas e não tinha reclamações da professora. Todos gostavam dele, era um garoto que adorava futebol. Talvez essa fosse a única "reclamação", pois o fato de ele gostar de bola em muitos momentos fazia ele se entreter tanto que se esquecia das outras coisas do mundo! Inclusive de comer. Isso foi motivo para receber broncas de sua avó dona Elza. Independente disso, ele é um garoto saudável e amoroso. Recentemente, chegou com uma novidade para sua mãe, disse que queria uma cobra de bicho de estimação! Cidinha fez que não o ouviu, e mudou de assunto, ganhou espaço momentâneo para que o filho esquecesse da novidade, um tanto estranha para ela.

Todos na casa têm horário para dormir e acordar, mesmo nos finais de semana. Às vezes, Alezinho, nos fins de semana, altera sua rotina e acaba influenciando muito toda a rotina da casa. A higiene do sono vem sendo um dos maiores relatos de qualidade de vida contatados entre as conversas entre dona Elza e Cidinha. Além, é claro, da conversa que tem com os colegas tutores da ONG. A higiene do sono está fazendo uma mudança significativa na qualidade de vida da família, e com isso Cidinha compartilha com as pessoas suas experiências.

Durante algumas noites de sono, Cidinha roncava e às vezes se engasgava com seu próprio ronco, chegando até a acordar com o barulho que fazia. Comentou isso em análise, seu terapeuta lhe entregou um panfleto, recrutando voluntários na universidade em que ele dava aula para uma pesquisa sobre a qualidade do sono da pessoa obesa. No dia seguinte, com o panfleto em mãos, ela ligou para buscar informações sobre como se inscrever. A atendente lhe fez algumas perguntas para verificar se Cidinha se enquadrava no perfil dos critérios para o estudo. Cidinha era elegível para o estudo.

Depois dessa triagem por telefone, começou a procurar esclarecimento de como seria a pesquisa. Descobriu que teria toda a assistência no tratamento então pagaria nada por isso. Pelo contrário: ela teria uma ajuda de custo de R$ 50,00 por cada noite que dormisse no laboratório do sono da universidade caso ela aderisse como voluntaria da pesquisa. Na sequência, também a informaram que ela deveria participar por livre e espontânea vontade. Para isso, teria que assinar o T*ermo* de Consentimento Livre e Esclarecido. Terminado as tratativas burocráticas, Cidinha começou a participar da pesquisa.

Com os resultados do tratamento, ela poderia melhorar sua higiene do sono e acompanhar como estava seu processo de emagrecimento. Também podia fazer com acompanhamento com seu Diário do Sono. A recomendação principal da equipe de pesquisadores foi que o tratamento deveria ser direcionado para a melhora da apneia e para a necessidade de emagrecer.

Esses períodos de acompanhamentos terapêuticos mais o protocolo de pesquisa que ela participava por livre e espontânea vontade fazia muito sentido para Cidinha. Ela absorvia cada recomendação para pôr em prática.

Após a adesão como voluntária ao tratamento, foi se adaptando. Com alguns meses a maquiadora sente os benefícios da terapia. Como estava agora fisicamente descansada, tinha mais energia para fazer as atividades diárias. Os despertares durante a noite diminuíram. Os sonhos estão mais vívidos devido ao sono REM.

Além do objetivo principal, que é a perda de peso, desde o início da terapia; a posição correta para dormir, a maneira de dormir, o ambiente de dormir, tudo isso concorre para essa perda de peso; até a pressão dela normalizou.

As brincadeiras com Alezinho se tornaram mais frequentes, principalmente aquelas que exigem uma interação física, como o futebol. Cidinha não falava, mas ela sempre se sentiu cansada. Ou se cansava com facilidade. Esses meses frequentando o tratamento conhecem os sintomas e riscos da apneia do sono, as complicações com o coração e com o ganho de peso.

Como falamos da sua lista de prioridades e planejamento de vida, ela continua na terapia; segue dando aulas no curso de qualificação profissional em estética e imagem pessoal na ONG; faz também as suas *lives* três vezes por semana de maquiagem, só que agora as questões sobre o peso, sobre as análises sobre os estudos que terminou também entram em pauta em suas *lives*, ela não se restringe só às maquiagens, mas fala também de sua vida, do que ela está passando.

Nós Seus finais de semanas continuava recebendo os clientes no salão improvisado, na frente da casa, o que seria o terraço. Suas rotinas de atividade física se mantiveram com os treinos funcionais, e agora tem o acompanhamento do *personal trainer* da ONG, que trabalha com idosas. Outra fator é que ela está seguindo religiosamente uma disciplina na alimentação: ela prepara a própria comida e inclusive põe o Alezinho para fazer também, e quando não, estão os três na cozinha: Cidinha, sua mãe e o seu filho. Esse momento se transforma num evento; se divertem demais, embora a confusão que fica deveras maior de que se tivesse só uma delas fazendo a refeição. É claro que boa parte dessa bagunça se deve ao Alezinho, que quer fazer tudo ao mesmo tempo! Isso ajuda o filho desde pequeno, porque, quando ele prepara sua comida, ele sabe o que está comendo, e cria uma relação íntima com a qualidade nutricional.

As técnicas de processamentos mentais *top down*; sonhos lúcidos para buscar respostas de algo que lhes incomodem; Os estímulos cerebrais através de músicas com frequência (Hz) nas ondas *alpha, delta, teta, ômega e beta*, para dormir e principalmente as ondas cerebrais chamadas universais em equilíbrio com a natureza; Ela aplica as técnicas das neurociências para o dia dia dela;

Ela está colocando em prática também o "amar-se" e a não se comparar com ninguém. Entende agora que todas as conquistas devem ser comemoradas, como o curso do EJA que ela terminou, as palestras das quais ela participa, cada cliente novo que ela conquista, e agradece todos os dias por ter um filho lindo, feito com muito amor por um homem que a olhava por dentro e por fora. Alexandre sempre foi sua lembrança boa, e o motivo pelo qual ela se reergueu e se aproximou do seu filho. Sua mãe estava também em alta conta. Não se esquecia também do pai, que dizia: "quem não gosta de samba, bom sujeito não é".

Cidinha continuou a pesquisa por faculdades, por cursos, preço, distância... A ONG era de ordem religiosa feminina e tinha uma faculdade. Entretanto, mesmo sendo da mesma ordem religiosa, a obra social e a faculdade tinha gestões diferentes e eram independentes. Era por isso que não havia nenhum curso superior na unidade perto da casa de Cidinha. Só tinha a creche em parceria com a prefeitura, ou projetos sociais. Não tinha nada a ver com a faculdade. Na verdade, Cidinha nem sabia que a faculdade enorme que ficava no centro da cidade tinha a ver com a ONG, onde ela era colaboradora. A ONG era profissionalizante e dirigida por leigos. As freiras só administravam. Mas, mesmo assim, ninguém comentava sobre a faculdade. Vez ou outra uma freira aparecia para fazer a catequese, como eles chamam. Mas as falas sobre a faculdade ela nunca ouvia.

Porém, em um determinado dia de sábado, Cidinha estava na ONG repondo uma aula de um feriado prolongado, seu filho estava na catequese. Quando saiu da aula, foi pegá-lo na sala da catequese e se deparou com uma das Irmãs. A irmã Nininha, como era chamada pelas outras irmãs. Nesse sábado era ela quem estava na catequese. A ONG, apesar de ser um braço da ordem católica, em seu estatuto preconizava que eram "laicas" suas atividades; acolheriam todas as pessoas que procurassem os serviços da instituição. Sem distinção de raça, credo e livre de preconceito. Conversaram sobre muitos assuntos e, coincidentemente, descobriram que elas haviam estudo juntas na escola infantil. A Irmã Nininha disse que ela adorava os bolinhos de xícaras que ela levava para escola. Dito isso, Cidinha ficou surpresa:

– Estudamos juntos Irmã Nininha?!

– Sim, Aparecida, você não se lembra de mim porque, à época, todos me chamavam de Nair. As irmãs lá do convento do centro é que me chamam de Nininha. Elas me chamam de Nininha, por que era bem magrinha, lembra? Eu entrei no convento aos 15 anos, hoje tenho 33 anos.

– Noooooossssaaaaaa! N-a-i-r... Como você mudou! Não lhe reconheceria nunca na vida se cruzasse com você na rua; tanto é que nem lhe reconheci. Eu também tenho 33 anos! Sim, acho que mudei mesmo, viu como estou gordinha? Mas acho que o hábito muda muita a fisionomia das pessoas o lenço que nós usamos também dificulta que as pessoas que nos conhecem desde a infância nos reconheçam. -- Meu Deus, como eu lhe chamo agora? Estou confusa... Nininha ou Nair? Ai, meu Deus!

– Me chame como achar melhor!

– Tá, então vou lhe chamar de Irmã Nininha, parecido com meu nome Cidinha.

As duas riram dessa coincidência e desse reencontro. Isso aumentou o motivo de querem conversarem mais. Então Alezinho diz que está com fome, Cidinha aproveita o momento e convida a amiga de infância com quem compartilhava os bolinhos que levava para a escola. A Irmã Nininha aceita o convite e os três saem em direção para a casa da Cidinha almoçar e colocar o papo de mais de 20 anos em dia...

– Mãe, trouxe visita para almoçar conosco. Irmã Nininha!

– Oi, Irmã, como você está? Quanto tempo não lhe vejo!

– Dona Elza, a senhora é a mãe da Cidinha? Nossa, nunca iria imaginar!

– Pois é, mãe, a Irmã Nininha estudou comigo, e a gente dividia os bolinhos de xícaras que a senhora fazia. Só que eu a conhecia como Nair.

– Então, filha, você a conhece há mais tempo do que eu. Eu conheci a irmã Nininha no ano que você engravidou, antes do réveillon daquele ano. Faz o quê...? Uns 8 anos? A idade do Alezinho.

– Mãe, vocês se conheciam também, que legal!

– Vovó, eu to com fome!—

– Ai, meu Deus, a vovó já vai colocar para você... Irmã Nininha, temos frango assado, arroz de forno e salada de palmito.

– Humm, dona Elza, só em falar abriu meu apetite. Onde posso lavar as mãos?"

Todos partem para lavar as mãos e saborear a singela mas gostosa comidinha de dona Elza!

O assunto do almoço era as coincidências da vida, das lembranças de infância na escola e das ações com a Irmã Nininha no clube de mães. Alezinho, esquecido, ouvia tudo como se fosse um adulto, parecia entender tudo. Até ria quando elas sorriam sobre algum assunto.

Cidinha também conta dos seus planos, do que passou, e do que deseja. Quando fala em que curso queria fazer, ainda indecisa, comenta sobre cursar fisioterapia, estética e cosmetologia ou visagismo. Também fala de preços, da dificuldade em ter que pagar a faculdade... Quando a Irmã fala na sequência, a questiona porque não se inscrevia para bolsa na faculdade das irmãs.

Cidinha, surpresa, confessa-lhe que não sabia que a instituição tinha uma faculdade. A Irmã Nininha diz-lhe que a casa em que ela mora é ao lado da faculdade, e que todo semestre a instituição fazia um processo seletivo para bolsas de 50% a 100%, dependendo do desempenho no vestibular. Disse-lhe também que a inscrição já estava aberta para as provas do próximo semestre. Além disso, essa faculdade tinha o curso de Estética e Cosmetologia e também o curso de Fisioterapia. A unidade ficava mesmo no centro.

Esse encontro, esse almoço, esse bate-papo com a Irmã Nininha se encaixou perfeitamente aos planejamentos que a maquiadora organizou para a sua vida! Decidiu-se. Iria fazer a inscrição na segunda-feira. Ou melhor, fez a pré-inscrição no site do vestibular, colocou por ordem de preferência os seguintes cursos: Estética e Cosmetologia, Fisioterapia e Educação Física. A opção em terceiro lugar em Educação Física se deu porque o formulário eletrônico pedia 3 opções, e, como havia essa disponibilidade/ opção, ela inconscientemente marcou esse curso.

Esse sábado se traduziu num turbilhão de informações, e então Cidinha foi dormir, querendo sonhar, se ver na faculdade. Tentou entrar em sonhos lúcidos para ver qual o curso que ela iria fazer. Mas não conseguiu por causa da ansiedade. Entretanto, tentou e quando ela conseguiu pegar no sono e sonhar, ela teve sonhos lúcidos Via dois antebraços e duas mãos, fazendo massagem no rosto de uma mulher e também no corpo! Acordou lembrando do sonho e tentou fazer suas associações com a conversa do dia anterior. Em suas associações, ela entendeu que deveria fazer o curso de fisioterapia, pois também poderia conciliar com o que já tem feito há muito tempo, que é trabalhar com beleza! Essa foi à primeira associação. Durante o domingo, ela achou que isso se referia ao curso de estética e cosmética, pois a estética faz massagens... No rosto, nas pernas, nos braços, na barriga, nos glúteos etc., tudo depende do objetivo do cliente.

Segue Cidinha, na segunda-feira, depois de deixar o filho na escola, foi até a faculdade para levar os documentos para fazer o vestibular. Documentos entregues, recebeu orientações de com baixar o manual do candidato, verificar as regras das bolsas, o que a faria ser cancelada, qual seria a porcentagem da bolsa, as notas, as publicações. Também recebeu orientações sobre iniciação cientifica. Do dia que ela levou os documentos até o dia do processo seletivo, deu tempo para que ela estudasse e revisasse o que havia visto no EJA médio. As informações ainda estava "fresquinhas no cérebro."

Cidinha fez o vestibular e se classificou para o curso de Estética & Cosmética com bolsa de 55%. Essa pontuação ela fez na prova. Ao ver o resultado de aprovada, ela pulou bastante, gritou, ligou para a Irmã Nininha, agradecendo a dica do concurso de bolsa, comunicando a aprovação. Ligou para a mãe, para a prima, para algumas pessoas da ONG. De tão feliz resolveu fazer um "pagodejo" no final de semana para comemorar. Para esse pagodejo, Cidinha chamou as pessoas que estavam no *réveillon* há 8 anos atrás. Queria compartilhar essa conquista com eles também. A tia do Alexandre foi com a família e o cachorro famoso. Porém, a mãe de seu ex-noivo não foi! Aliás, em todo esse tempo, elas não se viram, apenas se falaram por telefone, umas 4vezes. Quando isso acontecia, era menos de um minuto a conversa, eram formalidades.

O fato é que a mãe de Alexandre nunca gostou realmente de Cidinha. O primeiro motivo é por ela ser gorda! O segundo porque o filho dela amava aquela gorda! O que ele viu nela? Não havia nenhuma garota na faculdade melhor que essa Cidinha? Definitivamente, a mãe de Alexandre era insatisfeita com a escolha do filho.

Na reunião de comemoração da aprovação de Cidinha para a faculdade, o golden retriever, como de costume, fez o maior sucesso na festa! O assunto que não deixou de ser comentado com muita ênfase foi que a dona do "cachorro-estrela" era a modelo que ganhou o prêmio de melhor inspiração na festa de formatura, na qual ela desfilou! A tia de Alexandre era uma simpatia. Ficou um bom tempo conversando com a dona Elza e a Irmã Nininha. Sim! A religiosa também estava na festa.

Em um determinado momento, Cidinha quis saber com mais afinco o motivo de sua ex-sogra não estar presente naquele momento, nem para ver seu neto! A sogra da Cidinha era gordofóbica velada. Ela tinha aversão a pessoas acima do peso, e isso teve impacto no cotidiano atual na vida do filho de Alexandre com Cidinha. Além do peso, outro fator que influenciava os comportamentos gordofóbicos velados da ex-sogra, era o formato do corpo da noiva do Alexandre.

O Alezinho sempre "fala" por *WhatsApp* com os avós, mas os viu poucas vezes presencialmente. Apesar de conversar com os avós pelo aplicativo, a interação havia, mas não profunda. Isso tudo Cidinha relatou à tia do Alexandre. E seguiu dizendo:

– Eu não entendo porque ela nunca veio aqui depois da morte de Alexandre. Nem para ver o Neto! Não por mim, mais pelo neto! Não entendo, sabe, tia, o que eu fiz contra ela. Nunca nem deixei de sorrir para ela, mesmo sabendo que ela tinha preconceito comigo. O Alexandre nunca conversava comigo sobre o que a mãe dele pensava de mim. Mas eu sabia que ele fazia isso para me proteger, pois o que importava era o que ele sentia por mim e não sua mãe! Eu entendo que ela queria que o filho dela estivesse com outra garota, provavelmente, uma de suas colegas da faculdade, magrinha, e não uma gorda! Como vou conviver com isso? Como vou falar isso para o meu filho? O que dizer quando ele me perguntar sobre os avós!? Tenho algumas dúvidas, quero que ele tenha relacionamento com os pais dos seus pais! Não vou negar que eles se vejam, não é isso. Quero mais que eles se vejam, se curtam, vivam harmonicamente. Sabe, tia, os avós de Alezinho, nunca deram um centavo para o garoto. Eu nuca cobrei e não vou cobrar. Ele tem duas mães: eu e minha mãe. Não quero o mal dela. Mas acho que a convivência com o neto dela deve haver! Mas adoro você, minha modelo predileta!

Dizendo isso, Cidinha acabou seu "mini" desabafo, abraçando a tia do ex-noivo. E as duas riram juntas, e logo após Cidinha ganha um beijo na testa seguido da frase:

— Não esquenta com isso. Eu estou aqui!

Saíram juntas dali ao convite da anfitriã, para dançarem ao ritmo do "pagodejo." Foi quando Aparecida, Cidinha para nós, "se acabou" dançando, ao ponto de suar tanto que molhou a blusa que estava, ato que motivou uma mudança de roupa após um banho. A festa segue com a mais nova universitária, feliz, bem como seus convidados! Foi uma tarde muito gostosa de alegria e boas vibrações... Cidinha começa a frequentar as aulas na faculdade. A rotina estava sendo "puxada" para perceber que sua agenda deveria mudar, pois os ritmos de estudos estavam intensos. Estudava pela manhã. Quando ia para a faculdade, deixava o filho na escola. No final da sua aula, passava lá para buscá-lo. À tarde, mantinha suas *lives*, estudava, fazia seus trabalhos da faculdade e, além disso, também atendia os clientes em seu "salão" improvisado na parte frontal da casa. À noite, ela seguiu para a ONG dar suas aulas. Retornava para casa perto das 23h, como já sabemos, às vezes tinha que voltar a estudar, para entregar uma atividade ou um trabalho.

Sua rotina e higiene do sono para dormir às vezes ficavam desreguladas. A alimentação idem, bem como o excesso de luzes, televisão, celulares, computador ligados. Isso fazia com que tanto a mãe quanto o seu filho estendessem também a hora de ir para cama. Havia nisso um desequilíbrio, pois a rotina de sono precisava adaptar-se a uma nova realidade. Esses conflitos refletiam nos rendimentos tanto da mãe quanto do filho, principalmente na hora de acordar o Alezinho para ir à escola. O itinerário de seu dia era acordar, colégio do filho, faculdade, colégio do filho, casa, estudar, *lives*, salão, ir para a ONG, voltar para casa, "dormir"!

Essas questões da nova rotina da faculdade, a relação com ex-sogra, o filho fora da rotina de sono, levaram Cidinha a se desequilibrar. Preferiu partilhar essas agruras na terapia. Descobriu que estava se sentido com medo das mudanças que estavam lhe acometendo. Entendeu que havia um retorno ao tempo que ela levava seus bolinhos.

Por vezes, Cidinha não tinha tempo para estar com seu filho em função da mudança da rotina e as atividades da faculdade. Alexandre Junior sentia-se de lado. Some a isso que uma criança de oito para nove anos, que está crescendo sem o pai, sem um avô materno, e sem a presença do avô paterno, mesmo ele estando vivo e morando a 45 minutos de distância do neto. Alezinho está sentindo falta de uma figura masculina.

O garoto estava sentindo uma falta, mas exatamente não sabia do que era. Ele conhecia a história do seu pai e do seu avô. Mas como estava sempre cercado pela sua mãe e sua avó, ganhava carinho delas, mas não era suficiente pois sentia falta do carinho das figura masculina como referências: pai e avô. Algumas vezes ele perguntava algo que envolvia o seu pai. Essa falta do pai estava afetando seu comportamento e apresentando alterações como tristeza, raiva, medo, ciúme, insegurança ou ansiedade e também alteração alimentar, de sono e na escola.

Em determinada noite, Alezinho acorda e vai para cama da mãe. A primeira vez foi por causa de um sono ruim, mas em outra noite chegou a fazer xixi na cama. Nas noites que se passaram ele se negava a dormir sozinho, e isso era algo de conflito com a mãe e a avó.

Havia um exagero na forma que ele estava se alimentando. Isso quando chorava para não comer. Na escola, era algo a parte e muito, digamos, dinâmico. O garoto passou a demonstrar problemas de aprendizagem, não entregava as atividades escolares tanto em sala de aula quanto as atividades para serem feitas em casa.

O importante aqui é que Cidinha compartilhou essa fase do seu filho com seu terapeuta, pois isso estava lhe afligindo demais. O terapeuta, por sua vez, perguntou se ela já havia perguntado aos professores dele como estava seu comportamento, o que ela respondeu negativamente. Cidinha completou sua fala expondo ao analista que ele estava com comportamentos agressivos. Ressalta com pesar que, anteriormente, eles conversavam, mas agora tudo que ela e a dona Elza falavam, ele retrucava! Parecia ser tudo dolorido para ele. Qualquer situação aparentava um sofrimento!

A terapia sempre foi uma grande aliada para a recém universitária, e daí, queria saber se era o caso de colocar o filho dela em terapia também. O terapeuta lhe diz que terapia com criança deve envolver os pais e familiares, todos devem lidar com a situação,

Os problemas escolares e as regressões de fases são questões pontuais, como o caso do xixi, pois o filho dela não tinha mais idade para fazer isso na cama. Ele já tinha o controle de urinar.

Lembrou-se do que o seu terapeuta lhe disse. Na manhã seguinte, deixou o filho na escola, sob protesto dele desde a hora de acordar. Cidinha resolveu buscar mais informações sobre o filho na escola. Primeiro queria saber porque fazia um tempo que ele não fazia atividades em casa; alegando que a professora não havia passado nada. Depois queria saber se ele estava com algum problema com algum coleguinha, pois andava muito agressivo.

Quem a atendeu foi a coordenadora e psicopedagoga da escola, Dona Inez. A psicopedagoga já tinha certas queixas dele no processo de aprendizagem, por conta de relatos de agressividade pelas professoras. Dona Inez contou para Cidinha que as crianças não conseguem verbalizar suas dores e inseguranças e, por isso, eles apresentam sintomas, como febre ou dor de barriga, sem que exista alguma explicação. Isso era o que o Alezinho geralmente fazia na escola, por exemplo, quando tinha que apresentar uma atividade ou era contrariado.

Dona Inez, a psicopedagoga, disse à Cidinha que começou a fazer algumas intervenções com Alexandre Junior basicamente a partir do lúdico. Na maioria dessas atividades, era perceptível a inserção da figura masculina adulta. Em suas conclusões, Dona Inez, a psicopedagoga, entendeu que ele estava sentindo falta de uma presença masculina, do pai. Isso ficou claro em desenho que ele fez, em uma das conversas com ela. Esse era um dos motivos pelos quais o aproveitamento escolar de Alezinho estava comprometido, e recomendou para Cidinha que conhecesse mais o seu filho e continuasse observando-o em casa e relatando comportamento dele.

Cidinha desaba e começa a chorar, sentindo-se culpada pelo sofrimento do filho. Nesse dia, não foi à faculdade. Não tinha "cabeça" para estudar. Ficou na escola e quis conversar com os professores. Nessa escola, o ensino não era no formato de professora polivalente. Havia aulas de artes, matemática, português, ciências e recreação ministradas por diferentes professores.

Percebendo a gravidade da situação, Cidinha procurou um acompanhamento com um psicólogo infantil para trabalhar ausência do pai e do avô em sua vida. Decidiu isso depois de ter conversado com seu terapeuta, que lhe indicou uma psicóloga que atendia na ONG também. Ele não atendia crianças. Em relação ao acompanhamento com a psicóloga infantil, Alezinho aderiu bem. Dona Inês também haviam indicado um acompanhamento mais profundo. Para ela, as questões estariam no campo da aprendizagem; já para a psicóloga o campo de atuação era nas emoções e ou nos traumas da criança.

Esse processo com Alezinho causou em Cidinha certo desequilíbrio nas suas rotinas, como as questões da alimentação e do sono. Os níveis de grelina, a substância que "abre o apetite" estava descontrolado e em altos níveis à noite. Cidinha engordou!

Nesse processo percebeu que as questões somáticas, emocionais poderiam alterar o seu peso. Essa foi uma informação bastante valiosa para a sua vida e para a seu formação no superior! O seu filho superou a questão da ausência do pai, a contento, para aquele momento de idade e Cidinha segue na faculdade.

O tempo passa rápido como todos nós bem sabemos. Já se passou um ano de faculdade. Cidinha, cada vez mais empolgada, resolveu que seu Trabalho de Conclusão de Curso seria na área de emagrecimento natural, ou melhor, como ela costuma a dizer, "Emagrecimento Saudável". Começou a conversar com o professor orientador para fazer o levantamento bibliográfico. Levantou dados de definição de emagrecimento, emagrecimento funcional, as teorias das neurociências, emagrecimento, epigenética e emagrecimento, além *de cases* de sucesso sobre sono e emagrecimento.

Por falar em sono, não precisou usar o aparelho para dormir que evitava o ronco e apneia do sono. Cidinha, aos 34 anos, já havia perdido 6 quilos. Durante o problema com o filho, ganhou uns 3 quilos e que foram difíceis de perder novamente em um ano. O objetivo de Cidinha com seu trabalho de conclusão de curso era que ela mesma fosse o "experimento", a "cobaia" do seu próprio estudo: um relato de caso. O relato seria sobre como ela poderia perder peso sem perder a saúde, emagrecendo naturalmente. Mesmo ainda no início do curso, 1/3 dele, Cidinha queria fazer um estudo ao longo da faculdade com um período razoável para coleta de dados e para poder fazer comparações, além de acompanhar a sua própria perda de peso sem prejudicar sua saúde. Com a anuência do professor orientador, começaram a fazer o levantamento do referencial teórico.

Com o levantamento do referencial teórico, Cidinha, junto com seu orientador, o Prof. Dr. Aless Brasil. Esse professor era conhecido entre os alunos como o professor "AS", que causava praticamente infartos nos alunos por ser tão rígido. Então, AS e Cidinha, começaram a estruturar o projeto de pesquisa. O professor esclareceu todos os protocolos de pesquisa e as palavras chaves do estudo eram: Emagrecimento Saudável, Autoestima e Estética Funcional.

Sua pesquisa iniciou com os seguintes dados: peso = 95Kg; altura = 165cm; Indice de Massa Corpórea, IMC = 34.89. O exame de polissonografia *(exame que avalia a qualidade do sono)* registrou 275 apneias por noite, fazendo aí, por hora, em torno de 34. Acontece que o aceitável é que seja menos do 5 apneias por noite. O protocolo da pesquisa seria a partir de exercícios físicos funcionais, alimentação balanceada, noites de sono bem dormida, higiene do sono pondo em prática, utilização de processamentos mentais *top down* e mudança de rotina com consciência.

Cidinha apresentava insônia e dificuldade para iniciar e manter o sono. Sua mãe, dona Elza, relatava que, enquanto sua filha dormia, ela apresentava paradas respiratórias que eram seguidas de respiração ofegante e roncos, mas não eram altos nem constantes. Às vezes, Cidinha apresentava irritação e sonolência durante o dia. O protocolo da pesquisa seria avaliado a cada 6 meses para acompanhar a evolução.

Cidinha está levando muito a sério o protocolo da pesquisa, até mesmo porque ela era o objeto central da investigação. Havia um interesse maior ainda dela. Além das aulas normais, Cidinha também aumentou os encontros com o seu orientador, tanto na faculdade quanto virtualmente. Falavam-se todos os dias trocando impressões sobre as resenhas que Cidinha fazia a respeito dos artigos do próprio professor e depois de outros autores.

A orientanda começou a ficar intelectualmente apaixonada pelo que escrevia o seu orientador. E chegava a lhe dizer isso: que estava encantada pela forma que ele escrevia sobre o assunto de emagrecimento consciente. O orientador, por sua vez, gostava de ver o interesse da aluna, pontuava sempre o empenho e análise crítica em suas resenhas. A relação da orientação se deu muito bem entre orientador e orientanda.

Cidinha vem estudando que o ganho de peso excessivo decorre das interações entre os fatores ambientais, como a predisposição genética, e o comportamento individual. Ela descobre na literatura científica que os fatores epigenéticos, advindo das experiências individuais, podem proporcionar obesidade. Nisso, manda uma mensagem pelo aplicativo em suas redes para o seu orientador:

"Professor, estou lendo esse artigo seu e gostaria de compartilhar o que entendo sobre o tema de epigenética e emagrecimento.

Bem, eu entendi que a epigenética estuda as mudanças hereditárias na expressão gênica, ou seja, na ativação ou não do gene, de modo que não envolvem mudanças na sequência de DNA.

No seu artigo, professor, o senhor foca nas evidências experimentais sobre os fatores dietéticos que influenciam o desenvolvimento da obesidade por mecanismos epigenéticos, relatando as doses e durações dos tratamentos.

Além disso, o que gostei bastante foi como o senhor, apresentou a análise dos genes relacionados a obesidade. Eu fiquei fascinada por conhecer os genes. Gostei muito de ler.

O interessante, professor, é que quando o senhor aponta em seu estudo a identificação daqueles indivíduos, que em idade precoce podem apresentar alterações nesses genes específicos da obesidade, pode ajudar a prever sua suscetibilidade ao desenvolvimento posterior da obesidade, o que pode permitir prevenir e acompanhar sua evolução, bem como pesquisar e desenvolver abordagens terapêuticas mais recentes.

A epigenética é fantástica, não é, professor? Quanto mais a gente entender, melhor será para todas as pessoas que querem emagrecer.

Eu adorei, e vamos colocar em prática! Estou empolgada!"

Com o andamento da pesquisa, chegou o período dos seis meses estipulado para reavaliar os dados. Ela vai fazer o segundo exame de polissonografia. Dias depois, recebeu o resultado do exame. Cidinha então pega o envelope e leva para a faculdade. Queria abrir junto com o seu professor. Ela estava um pouco desanimada, pois havia diminuído pouco peso. Em sua cabeça, provavelmente teria diminuído pouco as paradas respiratórias durante a noite.

Abriram o envelope e perceberam que o índice de apneia por noite diminuiu para 185 apnéias, perfazendo um índice de 20.3 eventos por hora. Tanto Cidinha quanto o seu orientador ficaram contentes depois que abriram o exame.

A surpresa foi tanta que, ao perceberem a melhora do resultado, Cidinha gritou ao mesmo tempo em que abraçava seu professor involuntariamente, num impulso, para comemorar. Alguns segundos após isso acontecer, quando perceberam que estavam juntos, corpo a corpo, ambos sentindo os batimentos cardíacos e a respiração um do outro, se soltaram, desconcertados, pelo ocorrido, mas felizes.

O professor logo se adianta e pediu desculpas, justificou que foi no impulso, o que ela concordou também, e trataram de mudar o papo, para não aumentar o constrangimento. Focaram nos resultados positivos da diminuição das apneias por noite. Concluíram que o protocolo de pesquisa estava seguindo o objetivo positivamente e isso os animou a continuar.

O abraço e o resultado da polissonografia mudaram a relação dos dois. Algo ficou no ar!

Certo dia, o Diretor da faculdade, convidou o professor Aless Brasil para uma conversa. Nessa conversa, o diretor lhe informa que recebeu uma ouvidoria na qual relata que o professor estava assediando uma aluna. O texto da consultoria dizia que o professor estava "agarrando" uma colega. O Diretor lembrou ao professor do que consta no regimento interno da faculdade que ele recebeu quando entrou na faculdade. Esse documento reza que não haja envolvimento entre colaboradores da universidade e alunos (as).

Aless escutava tudo estarrecido, logo ele, que estava na instituição há mais de 15 anos. Durante esse período, nunca teve comportamento que o desabonasse. Sabendo da história do professor, o diretor lhe diz conhecer sua trajetória e postura durante esse tempo, mas que ele, enquanto diretor, estava ali, fazendo o que tinha que ser feito, e que gostaria de ouvi-lo. Relata ainda que não estava na posição de julgar, mas que faz parte até da lisura lembrar-lhe sobre o regimento interno e que estava disponível para ouvi-lo.

O professor Aless orientava tanto graduação como pós-graduação. Tinha uma turminha de orientandos de oito alunos: 3 de graduação, 3 de mestrado e 2 de doutorado. Durante o tempo em que ele esteve na faculdade, orientou mais de 80 alunos. Isso permitia um diálogo muito firme de sua competência.

Aless, em sua defesa, disse que sabia separar o papel de professor, respeitava a instituição, os estudantes e a si mesmo. Disse que, por isso, estava surpreso com a interpretação do ocorrido. Sobre isso, ele fez um resumo, dizendo que o estudo de caso que ele está orientando, com a aluna Aparecida, vem dando bons resultados positivos nos exames. Explicou que, comisso, a aluna ficou contente e o abraçou, e ele devolveu o abraço. Reconheceu que abraçar uma aluna não deveria ser uma postura, mas não houve nada demais. O que houve foi uma reação imediata de felicidade, automática, um impulso apenas. E que não vai se repetir nunca mais.

O professor saiu dessa conversa com o diretor, com tudo resolvido, mas com uma pulga atrás da orelha: quem havia feito a ouvidoria? Teria sido a Aparecida? Pois bem, nas reuniões semanais de orientações, ele contou a ela o ocorrido e quis saber se foi ela quem havia feito a ouvidoria, no que prontamente disse que não, também estarrecida com a notícia, pois não houve nada demais. Com isso, começaram a se encontrar semanalmente, não mais sozinhos, sempre com mais uma pessoa, como uma espécie de testemunha.

Cidinha, por sua vez, ficou intrigada para saber quem foi que fez a ouvidoria. Mas como saber, se esse tipo de manifestação é sempre anônimo? Ela ficou atenta, pois achou isso uma injustiça. Qual o motivo que alguém fazer algo desse tipo?

Acontece que, mesmo que Cidinha e Aless não estivessem sozinhos nas reuniões semanais na faculdade, eles se falavam pelas redes sociais. Isso fez aumentar a ligação entre os dois. Alguns meses após desse ocorrido, o professor recebe outra ouvidoria. Dessa vez, dizia que o professor estava marcando encontros secretos com a aluna, Aparecida, pela internet. Nesse relato, o nome de Cidinha apareceu. Logo, a pessoa anônima, não era tão anônima assim, pois sabia que o professor mantinha conversas com a aluna Aparecida. Além dos dois envolvidos, como a pessoa poderia saber disso? Foi o que perguntou o orientador de Cidinha para ela própria. Foi aí que Cidinha, pois a cabecinha para funcionar e chegou no nome de uma amiga. A Rose. Foi à única colega que sabia que Cidinha e o professor se falavam por aplicativo. Logo, o mistério foi elucidado.

Rose era uma garota mais nova que Cidinha, magra, alta, se dizia como destruidora de corações, que fazia todos os homens chorarem por ela. Tinha uma personalidade fútil, seu pensamento não era consistente, não aprofundava uma discussão, suas opiniões sempre eram rasas. Não tinha o costume de ler. Conhecia Cidinha das *lives* que ela fazia sobre maquiagem. Quanto aos homens, realmente ela fazia sucesso. Chegou a confessar para Cidinha que achava o professor Aless um gato, que um dia ela faria ele se apaixonar por ela.

Foi com essa lembrança das falas da Rose, a respeito de Aless, que "caiu a ficha" para Cidinha em relação a ouvidoria pois, em primeiro lugar, Cidinha havia dito para ela das converas com o professor, coisa que Rose não tinha. Em segundo lugar, Rose estava na faculdade quando Cidinha chegou com os exames, procurando pelo professor, no dia do abraço. Juntando as informações, Cidinha entendeu quem poderia ser a pessoa autora das ouvidorias, e tomou a seguinte decisão: cortar a amizade com Rose, evitando-a, e falar para o seu orientador.

Esse fenômeno quase desestruturou a pesquisa de Cidinha. Porém, usando das questões de processos mentais *top down,* conseguiu racionalizar para seguir com a faculdade e com o protocolo do estudo de caso. No terceiro semestre, quando seriam reavaliados os dados, Cidinha passava para o último ano de faculdade. As apneias baixaram para 50 por noite. Uma boa evolução. Seu peso estava em 80 kg. A comemoração foi dupla. Cidinha estava chegando aos objetivos pessoais e do estudo de caso. Estava dando certo! Ela chora ao saber dos resultados dessa nova reavaliação. Tinha um desafio para reduzir as apneias. Esse era a demanda da pesquisa para a última reavaliação antes da conclusão do curso.

A maquiadora e universitária tinha uma vida cheio de compromissos. O Alezinho estava indo bem na escola, sem problemas, recuperou as notas, mas queria saber mais histórias sobre o pai. Cidinha se compromete a falar do pai para o filho, contando as histórias que ela viveu com ele. Essa atitude ajudou bastante a manter a memória do pai viva e respeitada. A mãe estava bem e continuava à frente no clube de mães. As *lives* estavam acontecendo ainda três vezes por semana, como programado. A faculdade, pela manhã. O salão ainda continuava na parte de frente da casa e à noite, dava aula na ONG.

Tudo estava acontecendo como planejado, mas o foco principal era a faculdade. Ao longo da faculdade, fez alguns amigos e amigas, teve vontade de "beijar" na boca, mas não passava disso. Divertia-se, quando dava, iam para o pagodejo, ou faziam uma festinha na casa dela com poucos amigos e amigas da faculdade.

Dona Elza gostava dessa nova movimentação em sua casa. Os amigos da faculdade deixavam a casa mais alegre, e o seu neto, adorava também, pois sempre tinha uma criança nessas reuniões para ele brincar. Sua sogra, ou melhor, sua ex-sogra, nunca aparecia. Entretanto, a tia do Alexandre, vez ou outra, comparecia às festinhas. Ficaram íntimas. Uma bela amizade se fez.

O curso de Estética & Cosmética, pela Universidade Católica, estava chegando ao fim. Cidinha sempre teve notas acima de sete pontos, nunca teve uma nota menor que essa. Atenta e estudiosa, sempre que tinha dificuldade no entendimento, juntava um grupo para estudar. Com isso, o protocolo da pesquisa estava a todo vapor, e chegou o momento do quarto período de reavaliar a pesquisa com os exames.

Esse seria o último teste antes de concluir a pesquisa. O que sobraria eram os seis últimos meses, para a redação do trabalho de conclusão de curso e a apresentação dele. Os 3 anos de curso estão chegando ao término.

Os dias estão afunilando e acabando para a pesquisa de Cidinha. As provas finais e a redação do trabalhão de conclusão de curso estavam deixando Cidinha assoberbada de atividades. Resolveu temporariamente parar com as *lives*, pois queria dedicar todo tempo possível à conclusão do TCC. Nesse ritmo, estava com medo de ser reprovada em alguma disciplina, coisa que não se concretizou, pois suas notas eram superiores à nota mínima, que era sete. Essa aflição foi motivo de conversa com seu terapeuta.

A redação do TCC estava realmente consumindo a rotina da quase graduada em Estética. Aquilo que diziam do seu orientador "ASS" se fez presente: cada vez mais o prof. Dr. Aless Brasil ia se tornando o seu maior carrasco na construção da pesquisa. Inclusive, o Dr. ASS queria que Cidinha também transformasse a pesquisa num artigo científico para publicá-los em revistas de alto impacto.

Cidinha estava ai com três dilemas: as provas, o TCC e o artigo para serem entregues, quase tudo no mesmo período. Além disso, o Dr "ASS" sempre a cobrava para mostrar resultados. Passado todo esse turbilhão de deveres, Cidinha parte para o ato final na faculdade: é chegada a hora da apresentação do TCC, para uma banca de três professores, onde o seu orientador presidia apoiado por mais outros dois docentes. Nervosa, ela começa a apresentar seu trabalho com um espaço de 15 minutos no máximo para sua explanação.

Na hora de apresentar, Cidinha expôs apenas quatro slides. No primeiro havia o tema e a pergunta do tema, no segundo, o objetivo do estudo, no terceiro, o estudo de caso, expondo o motivo pelo qual ela era o objetivo central de estudo, e, por fim, o quarto e último slide, que falava sobre resultado e conclusões:

— Bom dia, gente, a priori gostaria de agradecer a algumas pessoas presentes, que me ajudaram bastante a chegar até aqui. Irmã Nininha pelo incentivo a fazer o processo seletivo; ao meu terapeuta, que com muita serenidade e sabedoria, me ajudou a organizar os pensamentos e sofrimentos e lidar com eles; ao meu orientador, Prof. Dr. Aless Brasil, pelo conhecimento, pelas broncas e pela rigidez que conduziu todo o trabalho; à minha mãe, que soube me incentivar e ter paciência pelos dias que eu estava nervosa com tanta atividade para fazer e não conseguia dar conta, e ao meu filho querido Alexandre Junior, que hoje tem 10 anos, já está um "hominho", e entende o esforço da mamãe. Gostaria de agradecer também à ONG das irmãs, onde hoje dou aula, mais já fui aluna. Agradeço pelas palestras que tive lá, pois me ajudaram muito a entender como o cérebro funciona, e isso funcionou como grande mola propulsora para ter chegado, repito, novamente até aqui. Gostaria também de agradecer duas pessoas, dois homens que fizeram muito bem para a minha vida: primeiro, meu pai, que me amava incondicionalmente e me chamava de princesinha, isso me confortava quando eu sofria bullying, e também outro homem que me amava como uma mulher, um homem que me via como um todo, meu ex-noivo Alexandre. Ambos não estão mais aqui, porém tenho certeza que estão vibrando comigo agora! Aos colegas da minha turma, aos professores aos meu alunos da ONG, enfim, agradeço a todos. – Cidinha começou sua apresentação - Bem, com isso, gostaria de concluir que o estudo de caso, sobre emagrecimento natural e saudável, com ajuda da atividade física funcional e da alimentação balanceada e funcional. Processos mentais, sono de qualidade, utilizando a higiene do sono e diário do sono, bem como a ajuda da epigenética, que fala sobre a possibilidade ou não de serem ativados os genes da obesidade, podem ajudar a perder peso sem sofrimento. Esse é o caso da nossa pesquisa. Como já falei, nunca havia visto uma versão magra de mim desde que nasci, só agora na fase adulta que vejo com sucesso a minha perda de peso! Hoje, concluo o trabalho com 70 kg, com meus 1, 65m, e um IMC de 25,7. Ainda estou acima do peso. O meu peso ideal varia entre 50 kg e 68 kg. Mesmo estando acima do peso, entendo que o protocolo proposto para o emagrecimento é o que a perda de peso não seja sofrida, mas sim natural. As minhas apneias de 275 por noite passaram para 8 por noite. Isso está ligado ao emagrecimento. Como ainda estou com sobrepeso, ainda não cheguei abaixo de 5 apneias, que são os níveis aceitáveis por noite. Eu sei que deveria emagrecer no mínimo 2 kg, isso acontecerá, entretanto, naturalmente, sem que eu sofra física e mentalmente! Por isso, para emagrecer com saúde, é importante comer mais frutas e verduras, além de praticar exercício físico entre 2 e 3 vezes por semana. O autoconhecimento também é muito importante. Saber como a mente funciona é essencial. Emagreci com saúde e sem sofrimento. Fora isso, procuro um profissional da medicina regularmente. Sim, devemos falar com os profissionais de saúde para sermos orientados no tipo de atividade física fazer, no que comer, qual maquiagem usar, de modo que não se desenvolvam alergias, para fazer exames de sangue e saber se o seu colesterol e triglicerídeos estão bem. Procuremos os profissionais específicos para cada momento do projeto de emagrecimento, não só médicos, mas outros também, como educadores físicos, fisioterapeutas, psicólogos, psicanalistas, terapeutas ocupacionais, e, no nosso caso, um profissional esteticista, que atua com massagens modeladoras, entre outros, ou seja, a ideia principal é emagrecer com saúde. É isso, obrigada!

Aparecida, a nossa Cidinha, foi aprovada em sua exposição. Começou a vislumbrar a formatura e a festa de colação de grau. Ir para a faculdade é um passo importante na vida das pessoas. Ele preencheu a lacuna entre os anos de escola secundária na adolescência e a maturidade plena em sua vida adulta jovem. No caso de Cidinha, foi um pouco mais tarde isso. Ela desistiu de estudar por conta do *bullying* que sofria na escola. Rompeu as barreiras e recuperou com EJA fundamental e Médio e na sequência foi para a faculdade.

A caminhada de Cidinha, mesmo tardia, é incomum, pois seguiu até a faculdade. Isso porque cerca de milhões de pessoas matriculam-se em escolas profissionais superiores, com programa de graduação entre 2 ou 4 anos, sendo parte delas jovens adultos. Entretanto, nem todos seguem até o final do curso na faculdade. E, sim, essa informação inclui as escolas de beleza, estética, cosmetologia. A evasão existe. O número de alunos que começam não é o mesmo que termina.

Formar-se em qualquer tipo de faculdade é uma grande conquista, mais do que as pessoas podem pensar. É um evento que vai ajudar a moldar o resto da sua vida, então, definitivamente, vale a pena comemorar! Devemos comemorar nossas conquistas, e isso Cidinha pôs em seu projeto de vida: celebrar todas as conquistas, por menores que elas sejam. Ao som do seu sertanejo, pagode, "pagodejo," além de outros ritmos brasileiros, Cidinha comemora com seus familiares e com seus amigos e amigas da ONG a sua formatura. Sua conquista!

Hoje após sua formação, a esteticista e cosmetóloga, Aparecida, deslumbrava formalizar o então salão improvisando na área da frente de sua casa, transformando-o profissionalmente. Junto a isso, desejava continuar estudando e fazer uma pós-graduação. Com isso em mente, ligou para o ex-professor, Dr. Aless Brasil, o "AS" da galera, para saber o que ele achava da ideia. Foi quando o professor fez para ela um convite para conversarem, tomando um café, numa lanchonete charmosinha perto da faculdade. Data e hora marcadas, Cidinha confirmou o convite e foi ao seu encontro.

Cidinha chegou chegando, às 18h em ponto. Ao entrar na lanchonete, os olhares seguiram aquela mulher que chegou chegando. Todo mundo parou para olhar! As mulheres torciam o nariz, os homens eram só admiração e um misto de desejo. Cidinha, nesse dia, estava um tipo mulherão "sexy sem ser vulgar". Cabelo arrumado, solto em cachos, batom sempre vermelho com brilho molhado e bem maquiada, sem exageros. Segura e confiante, passos firmes, nem lentos e muito menos rápidos, na medida certa, como se estivesse numa cena de "câmera lenta". A essa altura de sua vida, gostava mais do seu corpo, estava gostando da ideia de ser admirada e de chamar a atenção. Tem alguma coisa errada nisso? Claro que não! Cidinha estava plena.

Cidinha usava algo simples, um short vermelho de linho, no meio da coxa, um cinto fino tipo cordões, com uma fivela dourada do tamanho de uma azeitona, pendurados pelo cumprimento da coxa. Na parte de cima, usava uma blusa de transparente de organza, com desenhos de borboletas verdes, cinzas e rosas e prateada. Nos pés, usava uma sandália também vermelha de dez centímetros.

Sua atitude era algo indiscutivelmente evidente. A maneira de andar e de se movimentar e o sorriso ao ver o seu orientador iluminavam o ambiente. O professor esperava-a de pé. ela chegou, cumprimentou o seu ex-orientador com um beijo no rosto, e pôs sua mão direita no ombro do lado oposta em que o beijava no rosto.

– Boa noite, professor! Tudo bem? Ai, quanto tempo!

– Aparecida, como você está linda! Muito gos... Linda!

– Ah, professor, obrigada! Eu estou gostando da minha nova eu.

– Nossa, eu também! Quero dizer: você tem motivos para gostar de você! Muuuuitos motiiiiiiivos!

O professor ficou encantado pelo que estava vendo. Mesmo assim, seguiram conversando sobre as ideias de fazer uma pós-graduação e abrir uma empresa. Discutiram sobre o tema, o programa da pós-graduação, linha de pesquisa, se faria na universidade que estudou ou em uma pública, onde ele também dava aula.

Conversaram sobre o processo seletivo, sobre especialização e mestrado. Ambos eram possíveis para ela ingressar. Cidinha gosta da ideia, porém está priorizando abrir uma empresa. Um Spa de Estética Funcional, uma maneira de se ter equilíbrio entre a beleza e a saúde e a venda de produtos naturais para emagrecimento. O professor visualiza a ideia com um nicho de mercado grande, e se coloca à disposição para figurar como sócio no empreendimento, caso ela quisesse. O objetivo da Esteticista e Cosmetologista era oferecer para quem quer emagrecer um serviço no qual a mente seja uma aliada ao processo da perda de peso. Eles conversaram por quase 4h, o papo foi muito produtivo. Cidinha olha para o relógio e se dá conta do adiantado da hora...

— Nossa professor..., já está ficando tarde, preciso ir embora... Preciso pegar o ônibus, acho que ele passa às 22:20, na frente da faculdade."

— É verdade, já são dez da noite. Não se preocupe, eu te levo em casa!

— Não, professor, não precisa. Não quero te dar trabalho. Afinal, o que sua esposa iria dizer disso?

— Esposa, eu? Não sou casado, não tenho filhos. Eu fui casado, mas hoje moro sozinho e nem namorada eu tenho. Trabalho muito! Portanto, não tenho satisfações a dar para ninguém!

— Nossa, teacher, eu pensei que você fosse casado! Você sabia que a Rose queria te pegar, não é?

— Que Rose?

— Aquela "doidinha" que fez a ouvidoria contra você.

— Vixi, nem lembrava dela! Mas o que tem ela?

— Ela vivia dizendo para nós que te pegaria e nem queria saber do B. O. que iria dar com sua esposa. Ela dizia que com você, valia ser a outra.

— Nossa, que garota maluca! Ainda bem que eu não lembro dela. Vamos, então?

— Teacher, não vai te dar problemas? Não é contramão para você?

— Que contramão? Quem está de carro não tem contramão. Vamos?

— Tá bom. Vamos.

No caminho para a casa da Cidinha, eles continuaram conversando sobre os planos da Cidinha, e estabelecem as prioridades: primeiro o empreendimento, depois a pós-graduação. Cidinha gentilmente dispensou a sociedade proposta por Aless, disse que queria empreender com coragem, sozinha! O seu ex-orientador e agora já ex-futuro sócio também concordou, mas lhe disse que se ela precisasse de alguma coisa, que não tivesse orgulho, era só falar.

Continuaram falando a caminho da casa de Cidinha sobre o capital de giro, o estudo do planejamento estratégico e de linhas de crédito para mulheres empreender. Chegaram a casa, se despediram e novamente, se abraçaram desta vez, dentro do carro. As sensações foram as mesmas que sentiram na faculdade. Novamente desconcertados, se despediram meio sem jeito e Cidinha saiu do carro.

Sua mãe estava voltando da ONG do clube de mães e ficou parada na frente da casa com o seu neto vendo a filha sair do carro e vindo em sua direção. Alezinho não se contém e corre para encontrar e abraçar a mãe. Aless ficou olhando a cena sorrindo, deu tchau para a mãe de sua ex-aluna, que retribui. Apertou a buzina duas vezes e foi embora.

Curiosa, dona Elza queria saber quem era. A filha respondeu que era o professor que lhe orientou na faculdade.

– O Aless, o que estava na banca do seu TCC?

– Isso, ele mesmo!

– O que ele queria?

– Nada demais. Eu combinei para falar da minha pós-graduação, e aí marcamos para nos falar hoje.

– Ahhh... E aí?

– E aí o que, dona Elza?

– Hummmm, sei não, viu.

– Sei não o que, mãe? Olha, não vem com suas coisas não. Não vem dar uma de Tái não! Ele é meu professor.

– Está bom, filha, não estou dizendo nada.

– Alezinho, sua vó é meio tontinha da cabeça...

– Sei, eu, né? Está bom!

Intuição! Parece que essa palavra é prerrogativa para as mães. Quando esta se refere aos seus filhos, a palavra das mães assume outro sentido: premunição! O mesmo pode ser dito ao velho ditado: "praga de mãe pega"! Digo isso por causa da fala da mãe de Cidinha em relação ao professor de sua filha, ou melhor, ex-professor e ex-orientador.

O que queria dizer de verdade dona Elza? Acho que ela não queria dizer. Ela disse. Não literalmente, mas de forma velada, que o Prof. Dr. Aless Brasil seria seu genro. Isso era uma questão de tempo. São coisas que mães fazem. Intuem! As coisas que as mães dizem dão a sensação de que vão acontecer a qualquer momento. Seriam as mães profetizas? Dona Elza seria uma delas?

Dias depois, o casal assume para si e para as pessoas próximas que eles estavam juntos. Algo muito intenso acontecia entre eles quando estavam longe. Decidiram ficar juntos por telefone, no aplicativo, e combinaram de vir na casa da Cidinha, para que a mãe e o filho o conhecessem melhor. Cidinha queria dizer para o filho e para a mãe que ambos decidiram ficar juntos, mas combinaram de dizer os dois ao mesmo tempo na casa dela. Quando a mãe viu os dois chegarem juntos, foi logo se adiantando:

– Até que enfim! Vocês demoraram muito tempo para assumirem e ficarem juntos. Nós já sabíamos disso!

– Nós quem, mãe?

– Ora, Cidinha, eu e o Alezinho. Não é, Lê?

– É, vovó, a gente já sabia!

– Só vocês que são inteligentes? Não, nós também!

– Aleziiiiiiinho, mãe, estou chocada! Então, está tudo bem Alezinho, a mamãe namorar?

– Claro, né, mãe. Assim, você deixa de pegar no meu pé e pega no do professor.

– Olha isso... Mas não é o fim do mundo! Eu pego no seu pé, filho?

– Pega sim! Principalmente para eu ir dormir nos finais de semana.

– Mas como vocês perceberam que a gente decidiu ficar junto, eu não falava sobre Aless aqui em casa?

–- Desde o dia que ele veio te trazer em casa há quase dois meses. Vocês estavam muito transparentes para nós, não é, doçura da vovó?

–- Sim, vovó, no outro dia a gente já comentou sobre o assunto, se o professor seria seu namorado. Concluímos na mesma hora que sim!

O casal ficou surpreso, mas feliz com o desfecho da coisa. Na verdade, nem teve desfecho, pois eles nem chegaram a dizer nada, foram interrompidos pela dona Elza e confirmado pelo Alezinho, o cúmplice. Os dois começaram fazer o planejamento do SPA, lembrando que ela não queria que o Professor Aless seja seu sócio. Queria empreender sozinha.

Eles buscaram se informar e buscar um produto carro chefe: escolheram o emagrecimento estético funcional. Esse seria o tratamento principal relacionado ao bem estar, à saúde e ao emagrecimento. Estudaram também as ações de marketing para garantir que o SPA esteja sempre cheio. A criatividade é essencial para imprimir a sua marca nos clientes como mimos, presentes, para sempre deixar a marca fresquinha na cabeça dos clientes

O investimento na qualidade era uma questão à parte, mas bem definida, pois eles entenderam que não basta atrair os cliente, mas também deve-se mantê-los, para que assim os mesmos clientes tragam mais outros. Com isso, oferecer um serviço que fosse eficaz era importante para Cidinha. Os custos eram algo que eles também estavam buscando se aprimorar, entendendo como funciona o fluxo de caixa. Sendo assim, ficou mais fácil de Cidinha ter acesso ao crédito com posse de seu plano de negócio e conseguiu um empréstimo bacana, incluindo o capital de giro.

Abriu o SPA e, em menos de quinze dias de funcionamento, com uma promoção de marketing forte, conseguiu arregimentar 100 visitas à clínica. Palestras com temas essenciais, como sono e emagrecimento, foram as mais assistidas. Também teve a palestra da hipergenética, obesidade e emagrecimento. O SPA nesse dia conseguiu fidelizar 20 clientes. Cidinha estava preparada para captar e construir sua carteira de clientes, pois o empréstimo que fez cobria 12 meses para seguir funcionando, sem se preocupar com o capital de giro.

Feliz com sua iniciativa e com o sucesso no dia da inauguração, Cidinha revisita sua lista de prioridades e começa a fazer o *check list* para saber onde queria chegar. Emoldurou e colocou na sua sala para lembrar sempre sua trajetória, de onde ela veio e para onde estava indo. Nessa lista, ela acrescentou mais dois itens

Revendo o que havia listado, terminou o ensino fundamental e médio, Colocou a Alexandre Junior na escola, que hoje, está no quinto ano. Cidinha pôs em prática a higiene sono, bem como às vezes o diário do sono. Sua terapia está acontecendo, suas aulas na ONG também continuaram suas *lives* também, três vezes por semana. Seus clientes que eram atendidos no salão improvisado queriam continuar o tratamento com ela, transferiu-os para sua clínica. Trabalhava até sábado. No domingo, fica para a família e para seu mais novo amor, o professor. As atividades físicas funcionais tiveram que se adaptar à rotina da clínica. Quanto à alimentação, continuava fazendo sua própria comida e oferecia esse serviço de nutrição no SPA, bem como os exercícios físicos funcionais. Os treinamentos e aplicações das neurociências, de processamentos mentais aliados ao emagrecimento também faziam parte da nova rotina do trabalho na clínica.

Os sonhos lúcidos também conseguiam fazer vez ou outra. O SPA oferece também meditação que usam músicas com freqüências (Hz) de equilíbrios com a natureza e com o universo.

Amar-se integralmente sem se comparar a ninguém foi algo que aprendeu a fazer bem, com ajuda da lista. Os temas de epigenética e emagrecimento também estavam colocando em prática as mudanças de hábitos, sem deixar de comer. Sua relação com a comida era harmônica, não ela uma relação de ódio, e isso também faziam parte do programa da sua clínica.

Em sua lista anterior, o item de número 18, era de celebrar todas as conquistas, por menores que elas sejam. Isso ela estava fazendo, estava eufórica com sua própria clínica. Os itens que Cidinha acrescentou à sua lista foram por ordem:

19. Empreender para ajudar as pessoas a emagrecer sem sofrimento;
20. Concentrar esforços para promover uma vida com dignidade para o crescimento do seu filho e sua mãe.

Dignidade era a palavra para sua vida!

O SPA de Aparecida estava sendo procurado, não só pelos serviços que oferecia, isto é, pelos pacotes de tratamento, mas também pela personalidade alegre da Cidinha, pelo seu carisma. A título de inovação, a empresária estudou fazer uma parceria com algum pequeno laboratório farmacêutico, para desenvolver um produto exclusivo para suas clientes, mas que sejam naturais. Buscava oferecer aos seus clientes o que a natureza tem de bom, e assim proporcionava um emagrecimento saudável, sem sofrimento e sem promessas milagrosas.

Ela queria desenvolver uma espécie de *shake* ou cápsula que ajudasse no emagrecimento e não tivesse tanta química, só a sintetização dos produtos naturais. Para isso, encomendou junto a sinterização ao namorado o Prof. Dr. Aless Brasil um estudo de viabilidade sobre o tema.

Agora, a filha de dona Elza, mãe do Alexandre Junior e empresária, estava começando a empreender e estimulando outras mulheres a seguirem com os seus sonhos, inspirando outras vidas. A trajetória de Cidinha começou a deixar legados.

O *bullying* na infância e na adolescência, a fuga da escola para se proteger, a perda do pai, a perda do seu grande amor, suas *lives*, a terapia, o desprezo de sua sogra, a ONG, as suas aulas, as palestras sobre como o cérebro funciona, a crise que seu filho teve por ausência do pai, a ida para faculdade, a conclusão no curso etc., todas essas experiências, boas ou ruins, concorreram para o que Cidinha está passando hoje! Contribuiu para o que ela é hoje.

Hoje, Cidinha está com os seus 35 anos de idade. Ainda está com sua casa de aluguel, mas provavelmente em pouco tempo, comprará a casa em que ela nasceu, cresceu e viveu muitas experiências. A casa onde viveu com o garçom, como ela sempre disse o seu grande amor. Hoje, ela abre espaço para o amor novamente, agora por um homem que lhe admira pela sua capacidade de resiliência e intelectualização. Um homem que a ama pela sua simplicidade, pela mulher que tinha orgulho de si.

Aparecida, Cidinha como a conhecemos é espirituosa e sábia. Uma mulher que gostava de ser feliz, de sorrir, de dançar pagodejo e admirava o samba da Marrom. Ela agora também dá voz a mulheres que não sabem, através de suas *lives*. Sim, ela continuou fazendo suas *lives*, mas agora não por um perfil pessoal, mas por uma página profissional de sua clínica.

Em todos os lugares que ela ia, passava a mensagem de que emagrecer não pode ser com sofrimento. Não precisa sofrer para emagrecer e não precisa ficar obcecada por dietas que fazem ficar com fome ou que "demonizassem" a comida. A harmonia entre corpo e mente deveria ser a solução. Para ela a sua clínica, o seu spa de Estética Funcional, tem por lema emagrecer com bem–estar e saúde.

Cidinha era convidada para dar palestras agora sobre sua vida, de como superou todo um arcabouço de sofrimento e buscou para si o eixo de sua vida. Diz ela:

— Hoje não preciso mais olhar no espelho para procurar saber quem sou!

Finalmente ela se encontrou. Nesse encontro, percebeu que poderia ajudar as pessoas a emagrecerem também com qualidade de vida, com a ajuda das ciências do sono, das neurociências, dos procedimentos mentais, da psicanálise, ou seja, através do autoconhecimento. Pessoas, procuram por seus ensinamentos de experiência e de história de vida, pois tais pessoas se identificavam com ela, nas agruras e nos sofrimentos. Logo, as pessoas entendiam nela conteúdo, viu que ela tinha o que falar. As histórias eram muito semelhantes.

Aparecida pensa que fazer escolhas melhores todos os dias é o canal para se chegar aonde se quer. Diz isso hoje, mas passou muito tempo sem fazer essas escolhas melhores. Ela conta que quando deixou de se perguntar por que ela sofria tanto, ela preferiu se perguntar: "como deixo de sofrer?". A pergunta que ela fazia: "Por que as pessoas emagreciam e ela não? Porém, hoje, ela entende que a pergunta não era essa, e sim a que segue: "como eu posso fazer para emagrecer tal qual aquela pessoa?".

Cidinha fala em suas palestras que, além de outros fatores, nós somos o que pensamos. Se pensarmos que somos a vítima de tudo, seremos a vítima. Se agirmos com a vítima, nos sentiremos como vítima. O mesmo se estende ao pensamento negativo, ao pensamento de incompetência, de fracasso. A mente funcionará assim, com esses sentimentos, e as atitudes acabam sendo internalizadas. Inconscientemente, acharemos que a vida é assim, que a felicidade não era reservada para as nossas vidas, como uma espécie de destino, e seria o seu destino não ser plena!

A empresária percebeu que não adiantava culpar as outras pessoas por tudo que estava acontecendo com ela. Havia sim a parcela de culpa dessas pessoas. Mas compreendeu a responsabilidade de deixar de ser vítima para ser protagonista, enfrentando tudo e todos que dizem ao contrário. A responsabilidade a qual Cidinha diz respeito a fazer perguntas certas, que a levam a ter respostas claras. Elas parecem ser bobas, mas a ajudam a enxergar a realidade. Durante quase 30 anos de sua vida, já que hoje estava com 35 anos de idade, suas experiências de vida sempre lhe convidaram a ter vergonha de existir por ser gorda. Aparecida, Cidinha, desenvolveu um método fantástico para virar pelo avesso essa maneira de pensar: devemos nos entender, nos amar, estar de bem conosco. Fazer perguntas melhores para obter pensamentos, comportamentos e escolhas melhores.

Diz ela também em suas palestras que o nosso cérebro é fantástico. Se você der informações negativas, de sabotagem para si mesmo, o nosso cérebro trabalhará nesse sentido, e logo seus pensamentos e comportamentos se tornam reais, pois essa era a informação processada. O pensamento, apesar de ser abstrato, se torna concreto nas atitudes. Logo, devemos começar dando informações ao nosso cérebro de como podemos resolver tais problemas.

Cidinha queria compartilhar que precisamos voltar a atenção para as nossas capacidades individuais, pois somos capazes sim de sair desse momento, mas é necessário ter conhecimento. É claro também que as pessoas podem e devem nos ajudar, pois não somos uma ilha.

Devemos usar processamentos mentais *"top down"*, ou seja, pensar, depois agir. O rumo de nosso sofrimento somos nós, quem damos. Isso é possível de se aplicar no dia a dia! É preciso internalizar que somos mais capazes do que pensamos ou do que nos dizem. Começar a se voltar para si e a responsabilidade de sair daquela situação que nos incomoda sempre deve ser sua. Essa agora é a maneira de pensar da mais nova empresaria da estética e cosmetologia.

– Culpar os outros pelos nossos problemas não é uma atitude saudável, pois só irá nos levar a sofrer mais, em função de estarmos delegando sempre ao outro o destino de nossa felicidade. Uma das perguntas que eu sempre fazia para mim mesma era: "socorro, não consigo emagrecer!?" Vejam bem, quando delegamos a nossa responsabilidade aos outros, frente a um problema que vivemos e não o encaramos, estamos adiando a resolução do problema, e assim, aumentando o nosso sofrimento. Pensemos juntos: como posso atingir minhas metas, me posicionar na vida, emitir opinião? Como posso concretizar o que quero para o meu futuro, se a noção de que a responsabilidade da mudança sou eu? - diz Cidinha numa palestra - A minha história me fez entender que empresas ou indivíduos podem atingir suas metas, ser competitivo no mercado ou no trabalho, ou ainda se desenvolver mesmo sem a noção de responsabilidade pessoal. Eu reclamava da vida, tomava decisões erradas, como abandonar a escola, por não conseguir encarar a realidade de que eu era vítima de *bullying*, de não me conhecer. Passei mais de dez anos fora da escola. Foi preciso eu passar por duas perdas muito significantes, ir ao fundo do poço, chegando ao limite de até renunciar o meu filho. Foi aí que, com ajuda de algumas pessoas, resolvi me erguer, me encontrar e entender que eu apenas estava dando razão a todos que me impediam de ser feliz. A solução foi me encontrar, me amar e focar na mudança de pensar e me comportar. Parei de professar, da boca para fora, que queria mudar. Internalizei isso e busquei minhas capacidades individuais... Quando eu me encarei de modo franco e direto, estimulei pensamentos e objetivos para emagrecer, sem culpar ninguém por ser gorda. Mas aí quis mudar por uma questão pessoal, que foi a morte do meu pai. Ele morreu acima do peso e com diabetes, e amputou uma das pernas. Fui amada com meu peso bem acima do desejável. Isso nos ensina que não preciso emagrecer para ser amada! Porém, para não entrar num processo de espiral de doenças, como a apneia do sono, decidi emagrecer. Hoje em dia ainda tenho apneia, mas são as apneias ditas normais, abaixo de 5, e olha que eu tinha 265 por noite. Geralmente, as apneia acontecem naquelas noites específicas de cansaço, aí eu ronco. Mas isso acontece com todo mundo. Reduzi peso, naturalmente, com saúde e sem sofrimento! Espero que essa minha trajetória de vida possa de algum modo estimular ou inspirar algumas mulheres e homens também a aprender, crescer e mudar. Quando eu me conheci, abri caminho para uma série de mudanças positivas na minha vida. Entendo que os problemas existem para serem resolvidos. Quando você se ama, as coisas ficam mais fáceis. Os relacionamentos se tornam mais saudáveis, a produtividade aumenta, a vontade de viver é enorme, cresce o espírito de equipe, de ajuda ao próximo, com base no próprio sofrimento e é isso que nos fortalece. Mas uma coisa eu posso lhes dizer com categoria e propriedade: o maior benefício que experimentei com essa tomada de decisão foi de natureza coletiva. A priori pensava que era de natureza pessoal. Mas aí entendi que quando a gente toma as rédeas do nosso pensamento, a vida se torna simplesmente mais satisfatória e mais prazerosa. Hoje, emagreci com saúde, sem pressa, sem passar fome, sem brigar com a comida, dormindo bem, sem apneias... E ainda de "quebra" me trouxe um novo amor, meu eterno professor! Gente, só tenho a agradecer por me ouvirem por esse tempo, mas uma coisa eu lhes digo: experimente serem donos de suas próprias vidas e conduzam o emagrecimento com consciência e saudavelmente. Obrigada! Tchau!

Cidinha hoje em dia se enquadra no perfil de mulheres bem sucedidas. O perfil dessas mulheres que gerenciam as suas próprias empresas se encaixa em mulheres que buscam se equilibrar entre a competência e as exigências do negócio. Ela já foi capa de revista, motivo de resenha acadêmica sobre empreendimento e entrevistada em programas regionais sobre empreendedorismo feminino.

Para montar sua empresa, a filha de dona Elza teve como base a ONG na qual estudou. Participou de atividades das semanas do cérebro e deu aula. Suas motivações foram pautadas nas questões de influência social. Entende ela que a empresa tem, além de uma função social, a responsabilidade de proporcionar aos seus colaboradores um ambiente de satisfação em estar ali, contribuindo com um quadro de bem-estar e saúde dos clientes que lhe procuravam.

A palavra "inovar" era a sua marca para expandir a segunda unidade do SPA. Cidinha entendia que essa palavra era um processo em ação contínua de motivação para todos os indivíduos que se relacionassem com sua empresa. Sempre enxergava as coisas como novas oportunidades de aprendizado, mesmo com todas as adversidades pelas quais ela passava por ser mulher e bem sucedida. Isso não era bem visto por unanimidade masculina. Mas, sim, tinha uma penetração muito importante nas decisões das mulheres que queriam empreender. Queria empoderar-se como mulher de negócios.

Com essa visão social, ela entendia que os cargos de chefia em sua empresa seriam ocupados por mulheres, por uma questão de equilibrar o número de mulheres na posição executiva, sendo assim um exemplo para outras empresas. Assim, ela estaria contribuindo para a diminuição das estatísticas dos desequilíbrios entre homens e mulheres que ocupavam os cargos de chefia. A sua intenção era de promover a igualdade e a transformação social das mulheres no âmbito além da empresa, mas em suas vidas pessoais e dentro de sua casa, inclusive.

Em um domingo, 8 de março, Dia Internacional da Mulher, Aparecida é convidada para fechar a semana científica de um seminário latino-americano, com o tema "As que aparecem no mundo dos negócios", ou então: "Mujeres que se presentam en el mundo de los negócios", promovido pela Universidade das Irmãs Católicas, onde ela estudou. O evento tinha parceria com entidades nacionais e internacionais e o apoio das obras sociais de saúde, educação e cultura, mantidas pela congregação das irmãs. Reservaram para ela, Cidinha, uma hora, das 10h30 às 11h30 da manhã.

Cidinha começa sua fala agradecendo e contando como ela foi parar ali, qual era sua relação com as obras sociais das irmãs e que a ONG que fica perto de sua casa. Apresentou todos os serviços que a ONG oferece para a comunidade e ressaltou que as Irmãs são grandes empreendedoras, tanto nas questões de levar um conforto espiritual a quem precisa quanto na gestão das obras sociais, como na educação, pensando na Universidade, na saúde, com as clínicas-escolas e hospitais e na cultura, quando trabalha com resgate de talentos para as artes plásticas e cênicas. A ONG promovia a dignidade social de crianças, jovens, adultos e idosos. A convidada de honra desta manhã, ainda aponta o quanto as irmãs são empreendedoras sociais.

— Para empreender, mulheres, é preciso que nós nos conheçamos, fazendo a seguinte pergunta: por que isso está acontecendo comigo? Essa pergunta dá a ideia de que você está buscando a resposta fora de você mesma, onde na verdade a resposta está dentro de você. Essa conversa é intima. Se procurarmos a resposta em outra pessoa, é possível que nunca tenhamos a resposta adequada. Quando a gente não se conhece bem e culpa os outros pelo que devemos fazer, estamos protelando a resolução. E a protelação é a melhor amiga do fracasso! Se o problema é nosso, somos nós, quem devemos dar o primeiro passo para a resolução, pois só nós mesmo podemos mudar o rumo de nossas vidas. Como podemos superar as pessoas que nos fizeram mal? Por exemplo, quando eu era gorda, as pessoas me machucavam, e aí eu me trancava! Outras pessoas choram, outras ficam caladas e sofrem em silêncio. Mas podemos fazer escolhas melhores e mudar, pois eles, seus agressores, não vão mudar. Eles continuaram sendo eles, mas você não. Se você quer ser exemplo para alguém, dê o passo adiante, faça as perguntas certas. Toda minha história de mudança começou aqui, com as irmãs. Não exatamente aqui, mas lá, na unidade onde moro. Na obra social. Depois, vim para cá, fiz a faculdade o curso de Estética e Cosmetologia, agora estou já formada, com um SPA de emagrecimento. Hoje, gostaria de compartilhar duas grandes novidades, com vocês mulheres. A primeira é que nós iremos inaugurar a segunda unidade aqui perto da universidade. Também gostaria de anunciar que o nosso SPA acabou de celebrar a parceria com uma pequena indústria farmacêutica, para elaboração de produtos da nossa marca para emagrecimento naturalmente. Os testes foram feitos e os resultados clínicos foram positivos e sem efeitos colaterais... Quem está à frente dessa empreitada e acompanhou todas as fases do desenvolvimento deve conhecer o Prof. Dr. Aless Brasil. Ah, gente! Disse que eram duas novidades que eu queria compartilhar com vocês, não foi!? Pois bem, há outra novidade que eu gostaria de revelar também com vocês, e principalmente com o meu amor, que está bem ali, o professor Aless. Quando o meu terapeuta disse que eu estava pronta para um novo relacionamento, duvidei, achei que ainda não era o momento. Entretanto, eu estava! Mas ontem fiquei sabendo de uma notícia, passando por uma consulta médica de rotina. A médica me perguntou se eu estava pronta para ser mãe novamente!

— Óooooooooo! – a plateia faz em coro.

— Sim, gente! Sim, meu amor! Eu estou esperando um filho! Aless, você vai ser Papai!

Mude seu destino, você pode! Interfira nos acontecimentos de sua própria vida, afinal a vida é sua! Toda a sorte, toda felicidade, toda riqueza e toda abundância, virá a mim, como se eu fosse um imã, fazendo-me desse magnetismo uma pessoa merecedora e iluminada, tanto em minha vida quanto na vida de outras pessoas!

Essa sou eu, Aparecida para poucos, Cidinha para os íntimos.

editoraletramento
editoraletramento.com.br
editoraletramento
company/grupoeditorialletramento
grupoletramento
contato@editoraletramento.com.br
editoraletramento

editoracasadodireito.com.br
casadodireitoed
casadodireito
casadodireito@editoraletramento.com.br